PETER KLOCK

Veredeln leicht gemacht

Obstgehölze, Ziergehölze, Kübelpflanzen

BLV GARTEN- UND BLUMENPRAXIS

BLV

Die Deutsche Bibliothek –
CIP-Einheitsaufnahme

Klock, Peter:
Veredeln leicht gemacht : Obstgehölze, Ziergehölze, Kübelpflanzen /
Peter Klock. – 4., überarb. Aufl., (Neuausg.). – München ; Wien ; Zürich : BLV, 1997
(BLV Garten- und Blumenpraxis)
ISBN 3-405-15214-3

Bildnachweis

Alle Fotos vom Autor außer:
Apel 28, 50, 116 r
Himmelhuber 36, 94
Felbinger 39, 115, 119 u
Strauß 6, 77, 100, 118, 120 u
Sammer 117
Sinicki 119 o, 120 o

Bild Seite 2: 'Roter Berlepsch'

Grafik: P. Klock
Umschlagfoto vorn: P. Klock
Rückseite: M. Stangl

4., überarbeitete Auflage
(Neuausgabe)

BLV Verlagsgesellschaft mbH
München Wien Zürich
80797 München

BLV Garten- und Blumenpraxis

Lektorat: Katja Holler

Einbandgestaltung: Studio Schübel,
München
Gesamtherstellung: R. Oldenbourg,
München

Gedruckt auf chlorfrei gebleichtem Papier

Printed in Germany · ISBN 3-405-15214-3

Inhalt

Einführung

Das Vermehren von Pflanzen ist keine Erfindung der Neuzeit. Schon lange vor unserer Zeitrechnung wurden Veredlungen durchgeführt, um bestimmte Obstsorten zu vermehren. Auch damals muß es bereits Menschen gegeben haben, die erkannt hatten, daß sortenechte Vermehrung oft nur durch vegetative Vermehrung möglich ist. Die Veredlungsverfahren haben sich in diesen Tausenden von Jahren zwar methodisch verfeinert, prinzipiell sind sie aber die gleichen geblieben: Durch das Zusammenbringen zweier unterschiedlicher Individuen entsteht eine Pflanze mit neuen, erwünschten Eigenschaften.
Das Einsetzen von Augen in Unterlagen ist bereits vor unserer Zeitrechnung durchgeführt worden, wie alten Überlieferungen zu entnehmen ist. Diese interessante Möglichkeit, aus verschiedenen Pflanzen eine neue zu schaffen, wird jedermann, der diese Verfahren der Vermehrung von Pflanzen erfolgreich durchführt, faszinieren. Mit ein wenig handwerklichem Geschick und Verständnis für die wichtigsten biologischen Zusammenhänge wird es auch den Hobbygärtnern möglich sein, Pflanzen selbst zu vermehren. Es ist nicht einmal erforderlich, einen Garten zu besitzen, um Obst-, Zier- oder Kübelpflanzen auf diese Weise sortenecht zu vermehren. Es genügt schon eine Terrasse, ein Balkon oder – bei einigen Kübel- und Zimmerpflanzen, sogar ein Wohnzimmer, um Erfolg zu haben.
Viele Zier- und Nutzpflanzen sind durch jahrzehntelange Selektionsarbeiten entstanden. Diese Pflanzen zu vermehren ist oft nur auf vegetativem Wege möglich. Durch Aussaat der Samen spaltet das Erbgut auf, d. h. die daraus wachsenden Pflanzen zeigen meist Eigenschaften, die unerwünscht sind.
Neue Obstsorten können durch spontane Mutationen entstehen. Sie werden durch Veredlung vermehrt, weil hier die Vermehrung durch Samen meist fehlschlägt. Ebenso wird die Veredlung vorgenommen, um schnell zu kräftigen, wüchsigen Pflanzen zu gelangen: So sollen Sie nach dem Studium dieses Buches in der Lage sein, Ziergehölze und Koniferen selbst durch Veredlung zu vermehren. Eine gewisse Portion Erfahrung läßt sich natürlich nicht ersetzen, auch nicht durch intensives Studium vorhandener Fachliteratur.
Leider werden durch das Veredeln zweier verschiedener Pflanzen oft auch Krankheiten auf den jeweils anderen Veredlungspartner übertragen. Um dieses möglichst zu verhindern, gibt es die »Verordnung zur Bekämpfung von Viruskrankheiten im Obstbau«. Die »Virusverordnung« schreibt Baumschulen vor, bei der Vermehrung von Obstgehölzen nur virusgetestetes bzw. virusfreies Unterlagen- und Edelreisermaterial zu verwenden.

Warum überhaupt veredeln?

Warum veredeln wir verschiedene Gehölze eigentlich, wenn wir sie doch aus Samen, Steckholz, Stecklingen usw. vermehren können? Warum das »aufwendigere« Veredeln, wenn auch das einfache Aussäen von Samen gleiche Pflanzen bringt?
Diese in den rhetorischen Fragen aufgestellten Behauptungen sind nicht richtig. Das »Warum« soll in diesem Abschnitt beschrieben werden.
Wir veredeln die verschiedensten Obst- und Ziergehölze, um die Pflanzen genauso zu erhalten, wie wir sie vorgefunden haben. Während bei vegetativer Vermehrung z. B. über Steckholz mit der Mutterpflanze identische Klone entstehen, sind generativ über Samen vermehrte Pflanzen zumeist »neue« Individuen, die mit der Ausgangspflanze nicht mehr identisch sind. Die Vermehrung durch Veredlung ist eine Form der vegetativen Vermehrung, bei der das Ausgangsmaterial identisch ist mit dem der Mutterpflanze. Durch das Aufveredeln auf die Veredlungsunterlage werden aus zwei Individuen eines, von denen das sich aus dem Edelreis entwickelnde dominiert. Man könnte also meinen, daß das Veredeln eine Art des Klonens der Ausgangspflanzen darstellt. Das ist jedoch nur bedingt richtig.
Zwischen dem aufveredelten Reis und der Veredlungsunterlage tritt eine Wechselwirkung ein, es erfolgt eine Beeinflussung der Unterlage durch die Edelsorte und umgekehrt. Der Stoffwechsel der Unterlage ist ein anderer als der der aufveredelten Sorte. Insofern treten hier Beziehungen zwischen den Partnern auf, die eine gegenseitige Veränderung bestimmter Prozesse bewirken. Der Einfluß der Unterlage auf die Edelsorte ist dabei größer als umgekehrt. So tritt z. B. nach dem Freimachen (die Edelsorte bildet eigene Wurzeln) bestimmter Apfel-Edelsorten eine Änderung des Wachstums ein.
Die Edelsorte wächst, wenn sie nur noch auf ihren eigenen Stoffwechsel angewiesen ist, erheblich kräftiger, als unter dem Einfluß der schwachwüchsigen Unterlage. Ein Beweis dafür, daß die Unterlage einen erheblichen Einfluß auf den Wuchs der Pflanze hat.
Die Veredlungsunterlage versorgt die Pflanze mit Nährstoffen und Wasser, während die Krone, also der aufveredelte Teil, die zum Leben erforderlichen Assimilate liefert und das äußere Erscheinungsbild später prägt.
Durch entsprechende Pflanzen- und Edelreiserwahl können wir Pflanzen schaffen, die unseren Ansprüchen entgegenkommen, wüchsig und langlebig sind. Verwenden Sie aber auf jeden Fall nur gut geeignete und passende Unterlagen.

Wichtige Gründe, um Pflanzen durch Veredeln zu vermehren

1. Um Gehölze zu vermehren, deren Vermehrung auf andere Art und Weise nicht oder nicht ausreichend gelingt. Beispiele: Diverse Obstsorten, viele Hybriden von Ziergehölzen.
2. Um schneller zu kräftigen und wüchsigen Pflanzen zu gelangen. Beispiel: Einige Pflaumen- und Pfirsichsorten, *Chaenomeles japonica* (Zierquitte), *Picea pungens* 'Glauca' (Blaufichte).
3. Um Pflanzen durch geeignete Unterlagen optimal an den vorhandenen Boden anzupassen.
4. Um der Pflanze bestimmte Eigenschaften hinsichtlich des Wuchses, des Eintritts der Fruchtbarkeit, der Toleranz gegenüber unterschiedlichster Zusammensetzung des Erdbodens sowie der Resistenz bzw. Widerstandsfähigkeit gegenüber Krankheiten und Schädlingen zu verleihen.
5. Um Gehölze zu einem bestimmten Wuchs zu veranlassen, zu dem sie ohne unser Mitwirken nicht in der Lage wären (Hängeformen, Halb- und Hochstämme, »Trauerrosen«).
6. Um unbefriedigende Sorten oder nicht mehr marktgängige Sorten durch bessere zu ersetzen.
   Wenn Apfelbäume z. B. der Sorten 'Cox Orange' oder 'Granny Smith' in dem Klimabereich, in dem sie einmal gepflanzt worden sind, keine zufriedenstellenden Erträge liefern, kann es angeraten sein, sofern sich der Baum noch nicht im abgängigen Stadium befindet, eine Umpfropfung vorzunehmen mit Edelsorten, die dem Klima angepaßter oder – bei Erwerbsanlagen – gängiger und besser verkaufsfähig sind.
7. Um mit wenig Ausgangsmaterial schnell viele neue Pflanzen zu erhalten. Steht uns im Spätsommer ein kräftiger in dem Jahre gewachsener Trieb eines Gehölzes zur Verfügung, kann aus jedem gut ausgebildeten Auge (Knospe) ein neuer Baum der gleichen Sorte durch Okulieren auf eine geeignete Unterlage geschaffen werden. So ist es durchaus möglich, aus einem 50 cm langen Triebstück eines Zwetschgenbaumes 10–15 neue Bäume herzustellen!
8. Um abgängige Bäume beliebter Sorten zu erhalten, bietet sich das Veredeln förmlich an, weil hierdurch häufig sogar eine Qualitätsverbesserung bestimmter Obstsorten erzielt werden kann.
9. Um mehrere Sorten an einen einzigen Baum aufzuveredeln, z. B. verschiedene Apfel- oder Birnensorten.

Mehrere Sorten an einem Baum

Es lassen sich noch weitere Gründe aufführen, die eine Veredlung erforderlich machen. Diese entstammen häufig speziellen Wünschen von Pflanzenliebhabern. So wird gelegentlich der Wunsch geäußert, mehrere Sorten einer Art an einem Baum zu haben, um auf kleinem Raum verschiedene Obstsorten kultivieren zu können. Dadurch ist es möglich, auf Fremdbefruchtung angewiesene Obstsorten auf einen Stamm zu pfropfen, wobei während der Blütezeit eine gegenseitige Befruchtung gewährleistet ist. Achten Sie aber darauf, daß die Wüchsigkeit der aufveredelten Sorten etwa gleich stark oder gleich schwach ist, um einen gleichmäßigen Wuchs der Pflanze zu erreichen. Sollte eine deutlich unterschiedliche Wuchsstärke der Veredlungen gegeben sein, kann es passieren, daß im Laufe weniger Jahre die schwächerwüchsige Sorte von der starkwüchsigen derart unterdrückt wird, daß sie nicht mehr zum Blühen gelangt und schließlich verkümmert und abstirbt. Man kann diesem Geschehen durch geeignete Schnittmaßnahmen gerade in jungen Jahren zwar versuchen, Einhalt zu gebieten, dennoch wird das nicht immer gelingen. Nur bei Hobbygärtnern, die ihre Obstbäume optimal beschneiden können, haben solche Obstbäume vielleicht eine Chance. Ferner ist bei einer Mehrsortenveredlung zum Zwecke der gegenseitigen Befruchtung darauf zu achten, daß die Blütezeit der Edelsorten zum gleichen Zeitpunkt stattfindet. Was nützt es, wenn der früh blühende Apfel 'James Grieve' mit dem spätblühenden 'Gewürzluiken' zusammenveredelt wird? Zwar erstreckt sich, abhängig u. a. von der Witterung, die Blütezeit über einige Tage; hierdurch kann aber nicht gewährleistet werden, daß tatsächlich eine gegenseitige Befruchtung stattfindet. So hätte man zwar theoretisch verschiedene Sorten am Baum, erhält aber keinerlei Früchte, wenn nicht die Bienen Pollen von einem weiter entfernt stehenden geeigneten Baum mitbringen. Allein maßgebend, ob eine Befruchtung stattfinden kann, ist allerdings nicht nur der Blütezeitpunkt sondern auch der den Sorten eigene Chromosonansatz, der die Erbanlagen der Pflanze enthält. Die meisten Apfelsorten sind diploid, sie befruchten sich gegenseitig, indem der fremde Pollen auf der eigenen Narbe keimt und somit die Befruchtung stattfindet. Triploide Apfelsorten hingegen haben keinen Pollen, welcher anderen Sorten die Befruchtung ermöglicht. Sie kommen als Pollenspender also nicht in Betracht, können allerdings von diploiden Sorten selbst befruchtet werden.

Das bedeutet, daß bei Verwendung einer triploiden Sorte auf einem Mehrfruchtbaum zum Zwecke der gegenseitigen Befruchtung lediglich die triploide Sorte selbst befruchtet wird, sofern die Blütezeitpunkte übereinstimmen. Die pollenspendende Sorte hingegen kann nicht befruchtet werden. Insofern ist es ratsam, eine geeignete dritte, diploide Apfelsorte zusätzlich aufzuveredeln, damit die Pollenspender auch gegenseitig befruchtet werden können und alle in dem Baum vereinigten Sorten die Chance haben, zu blühen und zu fruchten. Bekannte triploide, also als Befruchtersorten nicht in Betracht kommende Apfelsorten, sind der 'Rheinische Bohnapfel', 'Goldrenette von Blenheim', 'Gravensteiner', 'Holsteiner Cox', 'Horneburger', 'Mutsu', 'Rheinischer Winterrambur'. Die meisten anderen bekannten Apfelsorten sind diploid und somit als Befruchtersorten geeignet. (Siehe auch Tabelle S. 125.)

Sehr ansprechend wirken Fliederveredlungen, wobei auf den gewöhnlichen Flieder *(Syringa vulgaris)* durch Okulation im Sommer oder ein Kopulationsverfahren im Winter mehrere verschiedenfarbige Edelsorten veredelt werden, allerdings treibt die Unterlage häufig unerwünschte Ausläufer. Seltener sollen Ausläufer bei Veredlung des Flieders auf die Unterlagen *Ligustrum ovalifolium* und *Fraxinus pennsylvanica* gebildetwerden. *Ligustrum vulgaris,* ebenfalls als Unterlage geeignet, führt dagegen wieder zu stärkerer Ausläuferbildung.

Doppel- und Dreifachveredlungen können zur gleichen Zeit ausgeführt werden.

Ebenso ist es bei einiger Übung durchaus möglich, auf einer mittelstarkwüchsigen Citrus-Veredlungsunterlage zwei verschiedene Fruchtsorten gedeihen zu lassen, beispielsweise Zitronen *(Citrus limon)* und Apfelsinen *(Citrus sinensis)*. Näheres zur weiteren Kultur dieser subtropischen Obstarten siehe S. 104.

Die Veredlungspartner

Zwei verschiedene Pflanzen werden miteinander veredelt, um die positiven Eigenschaften der beiden Einzelpflanzen in einer einzigen neu entstehenden Pflanze zu vereinigen und die unerwünschten Eigenschaften möglichst zu unterdrücken. Es kann dabei nicht jede beliebige Kombination gewählt werden. Eine Eiche kann z. B. niemals auf eine Eberesche und ein Apfel nicht auf eine Apfelsine veredelt werden.
Eine gewisse verwandtschaftliche Beziehung muß schon vorhanden sein, das mindeste ist eine gemeinsame Familienzugehörigkeit.
Dennoch kommt oft nur eine Veredlung innerhalb einzelner Gattungen oder Arten in Betracht, um dauerhafte, kräftige Pflanzen zu erhalten. So kann z. B. innerhalb der Familie der Rosaceen ein dauerhaftes Verwachsen zwischen den Gattungen *Pyrus* (Birne) und *Sorbus* (Eberesche) erfolgen; oder innerhalb der Gattung *Prunus* zwischen den Arten *Prunus cerasifera* (Myrobalane, Kirschpflaume) und *Prunus domestica* (Pflaume). In Baumschulen werden die verschiedenen Sorten der Pflaume wegen der guten Wüchsigkeit und Gesundheit von *Prunus cerasifera* oft auf diese Unterlage veredelt.
Zwei Pflanzen gleicher Art, aber verschiedener Sorten verwachsen meist sehr gut miteinander, so wird seit jeher die Süßkirsche auf die Vogelkirsche *(Prunus avium)* veredelt, weil hier kaum Probleme hinsichtlich Krankheitsbefall, Gummifluß usw. auftreten.
Voraussetzung für ein gutes Gelingen der Veredlung ist zum ersten eine ausreichende Affinität (= Verwandtschaft) zwischen den Veredlungspartnern. Eine ausreichende Affinität kann sowohl innerhalb einer Familie gegeben sein wie auch innerhalb von Gattungen, Arten und Sorten.
Zum zweiten müssen die erforderlichen Veredlungsschnitte optimal ausgeführt werden. Das Edelreis muß mit der Unterlage innig zusammengefügt und stramm verbunden werden, damit ein Verwachsen erfolgen kann.
Zum dritten darf keine Unverträglichkeit zwischen den Veredlungspartnern vorliegen. Es ist beispielsweise durchaus möglich, daß nahe verwandte Veredlungspartner dennoch nicht dauerhaft kombinierbar sind, obgleich andere Sorten der Art mit der benutzten Unterlage verträglich sind. So können auf Quittenunterlage verschiedene Birnensorten wie 'Gellerts Butterbirne', 'Pastorenbirne', 'Vereinsdechantsbirne' und 'Madame Verté' veredelt werden; hingegen erlangten bislang Kombinationen zwischen Quitte und 'Boscs Flaschenbirne' ('Kaiserkrone'), 'Köstliche von Charneux', 'Dr. Jules Guyot' und 'Williams Christ' keine oder keine ausreichende Lebensdauer.

Unverträglichkeit zwischen Veredlungsunterlage und Edelsorte ist zu erkennen durch:

1. Nichtanwachsen des Edelreises.
2. Anwachsen der Veredlung, jedoch größere Empfindlichkeit gegenüber mechanischer Belastung.
3. Anwachsen der Veredlung, nach einiger Zeit (Monaten, Jahren) langsames oder auch schnelleres Absterben der Edelsorte oberhalb der Veredlungsstelle.

Entstehung der Leitungsbahnen

Liegen alle Voraussetzungen für ein Gelingen der Veredlung vor und ist das Edelreis stramm auf die Veredlungsstelle der Unterlage gebunden, erfolgt zunächst ein Absterben der angeschnittenen Zellen der Unterlage und des Edelreises. Häufig sterben auch angrenzende Zellen ab. Zufließende gelöste Stoffe sowie die absterbende Zellsubstanz verursachen eine nekrotische (= abgestorbene) Schicht zwischen den Veredlungspartnern, eine Isolierschicht, die ein Verwachsen der Veredlungspartner eigentlich verhindern müßte. Die Gehölze verfügen jedoch über die Möglichkeit, diese Schicht aufzuspalten und in den Stoffwechsel zurückzuführen.

Es bildet sich nun zwischen den Schnittstellen ein Kallus-Wundgewebe und nach etwa 2–4 Wochen, bei ausreichender Temperatur, erste Parenchymbrücken (= füllendes Gewebe aus gleichmäßigen Zellen) zwischen den Veredlungspartnern. Diese Parenchymbrücken vermögen noch nicht den aufveredelten Teil der Pflanze mit den erforderlichen Nährstoffen zu versorgen, sie sind jedoch schon die ersten Anzeichen dafür, daß die Pflanze (Unterlage) versucht, das aufveredelte Edelreis anzunehmen und in den eigenen Zellverband zu integrieren.

Im weiteren Verlauf beginnen die von der Unterlage ausgehenden Parenchymbrücken das bislang passive Edelreis im Bereich des Kambiums (äußere Wachstumszone) zu aktivieren. Es erfolgt eine Verschmelzung des Zellgewebes des Kambiums der Unterlage mit dem Zellgewebe des Kambiums des Edelreises, erste neue Gefäßverbindungen entstehen, das Edelreis kann anwachsen.

Der hier so kurz beschriebene Ablauf des Zusammenwachsens zweier Veredlungspartner ist ein äußerst komplizierter Vorgang, der einige Wochen und Monate in Anspruch nimmt. Ein wichtiger Punkt dabei ist die umgebende Temperatur, die eine schnelle oder eine verzögerte Bildung von Kallus und ersten Parenchymbrücken beeinflussen kann.

Deutlich wird hierbei, daß nur ausgereifte, gesunde Edelreiser geeignet sind, einen Veredlungserfolg zu gewährleisten. Bereits in Saft stehende Edelreiser mit geschwollenen Knospen müssen mehrere Wochen aus sich selbst heraus überleben können, bis ein erstes Verwachsen für einen Saft- und Stofftransport von der Unterlage zum Edelreis sorgen kann. Da aber der Saftfluß auch bei geschnittenen Reisern immer von der Basis zum oberen Teil erfolgt, wird ein Anwachsen angetriebener Edelreiser kaum möglich sein. Gerade der untere Bereich des Triebstückes wird zuerst trocknen. So kann man bei der Verwendung schon leicht treibender Edelreiser noch nach Wochen weiter treibende Knospen im oberen Bereich der Pflanze erkennen und annehmen, die Veredlung sei gelungen. Sobald jedoch die Reservestoffe des Edelreises verbraucht sind, werden die ausgetriebenen Knospen schlaff und trocken und sterben ab.

Sind einmal nur schwache oder angetriebene Veredlungsreiser verfügbar und ein Verschieben auf einen anderen Termin ist auch nicht möglich, sollte versucht werden, wenigstens die Verdunstung des Edelreises zu vermindern, indem man eine hohe relative Luftfeuchtigkeit schafft. Auch müssen die Veredlungsschnitte an der Unterlage und an dem Edelreis optimal gelingen, so daß alle freigelegten Kambiumschichten die Kambiumschichten des Veredlungspartners sauber abdecken und sich die ersten Kallus- und Parenchymbrücken bilden können. Dennoch ist dieses Verfahren, das im Gewächshaus durchgeführt werden sollte, sehr aufwendig und führt nicht immer zum gewünschten Erfolg!

Schwächliche, unausgereifte Edelreiser sind ebenfalls zum Veredeln nicht zu verwenden! So ist bei zu dünnen Edelreisern die Kontaktfläche zwischen den Kambien der beiden beteiligten Pflanzen so gering und die Reservestoffe im Edelreis so minimal, daß es oft bereits abstirbt, weil die Basis vertrocknet, bevor Kallus und anschließend erste Leitungsbahnen gebildet werden können.

Ebenso müßte äußerst genau mit rasiermesserscharfen Veredlungsmessern gearbeitet werden, weil es hier auf absolut präzises und sauberes Arbeiten ankäme. Und letztlich ist das Verhältnis der Oberfläche zum Saft- und Stoffreservoir des Edelreises so ungünstig, daß ein Mißerfolg zumeist vorprogrammiert ist.

Veredlungszubehör

Zur erfolgreichen Durchführung von Veredlungen wird Werkzeug und weiteres Material benötigt, das in vielen Ausführungen angeboten wird. An dieser Stelle sollen die wichtigsten Utensilien vorgestellt werden, damit man sich vor dem Veredeln eine Grundausstattung zulegen kann und nicht erst während der Arbeiten bemerkt, daß irgendwelche wichtigen Dinge fehlen. Grundvoraussetzung zur Durchführung aller Veredlungsarten ist ein geeignetes Messer. Geeignet ist es dann, wenn auf Grund seiner Form und seiner Klinge der beabsichtigte Schnitt problemlos durchgeführt werden kann. Daher werden für verschiedene Veredlungsarten und -methoden verschiedene Messer angeboten.

Von links nach rechts: Okuliermesser, Okuliermesser mit Rindenlöser, Kopuliermesser, Kopulierhippe, Hippe

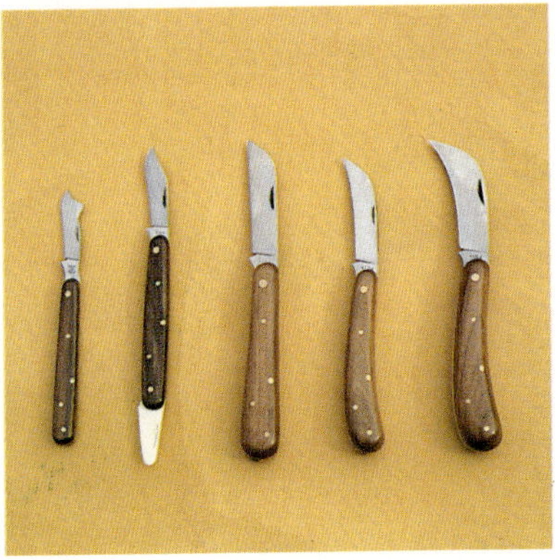

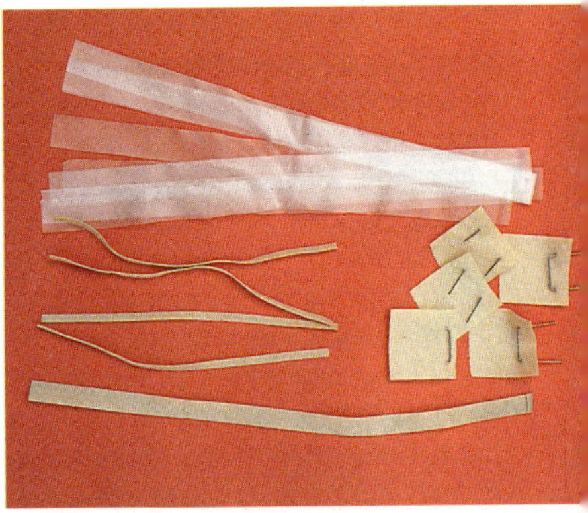

Verbandmaterial: oben, PE-Streifen; links unten, Gummiveredlungsband; rechts, Okulations-Schnellverschlüsse

Zur Veredlungsvorbereitung von Unterlagen und Reisern wird eine kräftige Schere benötigt, die die zu schneidenden Gehölze nicht abquetscht, sondern sauber abschneidet. Weiterhin ist eine Gärtnerhippe erforderlich, um den Schnitt zu bearbeiten. Ebenfalls kann zu diesem Zweck ein Messer mit waagerechter Klinge erforderlich sein.
Müssen häufig dicke Äste abgeworfen werden, sollte eine Astsäge angeschafft werden.
Bei Kopulationsarbeiten ist das spezielle Kopuliermesser empfehlenswert, das es in vielen Ausführungen gibt. Okulationen werden mit dem Okuliermesser durchgeführt, dessen Klingenform die Schnittführung erleichtert. Einige Okuliermesser haben einen zusätzlichen Rindenlöser, dieser kann unter Umständen hilfreich sein.

Zubehör

Spezielle Veredlungen werden mit dem Doppelklingenmesser (Walnußveredlungsmesser) durchgeführt. Dieses anzuschaffen lohnt sich jedoch nur, wenn wirklich viele Walnußveredlungen durchgeführt werden sollen.
Zum Schärfen der Messer wird ein feiner Abziehstein benötigt.
Veredlungen werden verbunden mit Bast, speziellem Gummiveredlungsband, klebenden Kreppstreifen oder Polyethylenband, Okulationen auch mit Okulations-Schnellverschlüssen (Okulette-Fleischhauer).
Zum Verstreichen ist kalt- und warmflüssiges Baumwachs auf Kunststoffbasis geeignet, bei der Benutzung von Gummiveredlungsbändern sollte es lichtdurchlässig sein, damit die gewünschte Verwitterung dieser Gummis durch den Lichteinfluß auch stattfinden kann. Sollten Sie Bast verwenden, dann müssen Sie diesen nach dem Anwachsen durchtrennen. Die benutzten Veredlungsmesser müssen nach dem Veredeln verschiedener Pflanzen desinfiziert werden, damit ein Übertragen von Krankheiten ausgeschlossen ist. Zu diesem Zwecke sind verschiedene Mittel auf dem Markt, geeignet ist jedoch häufig auch reiner Alkohol (Spiritus). Die einmalige Anschaffung der erforderlichen Veredlungsmesser sei angeraten, veredeln mit Haushaltsmessern ist kaum möglich!

Links: Gute Gartenschere

Unten: Doppelklingenmesser

Unterlagen für Obstgehölze

Es ist nicht möglich, jede beliebige Pflanze auf jede beliebige Unterlage zu veredeln. Gewisse verwandtschaftliche Beziehungen, zumindest die Zugehörigkeit zur gleichen Familie, müssen gegeben sein. Das folgende Kapitel beschreibt erprobte Veredlungsunterlagen für verschiedene Obstarten, aber auch Ziergehölze und Kübelpflanzen.
Der überwiegende Teil der bei uns angebauten Obstarten und Sorten gehört der großen Familie der Rosengewächse an. Eine Vermehrung durch Veredlung ist meistens nur zwischen Unterlagen und Edelsorten möglich, die einer Gattung angehören; mit wenigen Ausnahmen.

Apfelsämling
Eine verbreitete Apfelveredlungsunterlage ist der generativ aus Samen vermehrte Apfelsämling. Anfang der fünfziger Jahre haben sich nach umfangreichen Forschungsarbeiten Sämlinge der Sorten 'Bittenfelder' und 'Grahams Jubiläum' durchgesetzt.
In Plantagen wurden aus diesen Sorten Samen gewonnen und zur Aufzucht der Veredlungsunterlagen verwendet. Insbesondere wegen ihres gleichmäßigen Wuchses, ihrer Standfestigkeit und ihrer Widerstandsfähigkeit gegen Frost und Trockenheit werden diese Unterlagen bevorzugt. Auch Sämlinge des frühen Tafelapfels 'Apfel von Croncels' wurden für Unterlagen verwendet, durchgesetzt haben sich schließlich nur die oben genannten Sorten.
Seit Mitte der fünfziger Jahre ist in Mitteleuropa, besonders in Deutschland, der Trend zu schwächerwüchsigen Apfelbäumen auf vegetativ vermehrten Typenunterlagen umgeschlagen. Nur so konnte intensiver Obstbau bei günstigeren Kosten betrieben werden. Bei Neuanpflanzungen kamen deshalb kaum noch auf Sämling gezogene Sorten in Betracht, so daß lediglich für spezielle Wünsche, wie Halb- oder Hochstämme sowie für den Export in klimatisch ungünstigere Lagen, Apfelsämlinge Verwendung fanden.
Im Zuge der neuerlichen Besinnung auf Althergebrachtes geht der Trend wieder zu Obstbaum-Hochstämmen, wodurch der Absatz an starkwüchsigen Veredlungsunterlagen steigt – allerdings ist der Anstieg keinesfalls gravierend, weil Erwerbsanbauer nach wie vor die für den intensiven Obstbau erforderlichen schwachwüchsigen Unterlagen vorziehen.
Da mittlerweile der einst recht häufig angebaute Mostapfel 'Bittenfelder Sämling' sowie der alte englische gute Tafel- und Wirtschaftsapfel 'Grahams Jubiläum' ('Royal Jubilee') im Erwerbsanbau nicht mehr anzutreffen sind, muß heute auf spezielle Samenspenderanlagen zu-

Veredlungsunterlagen

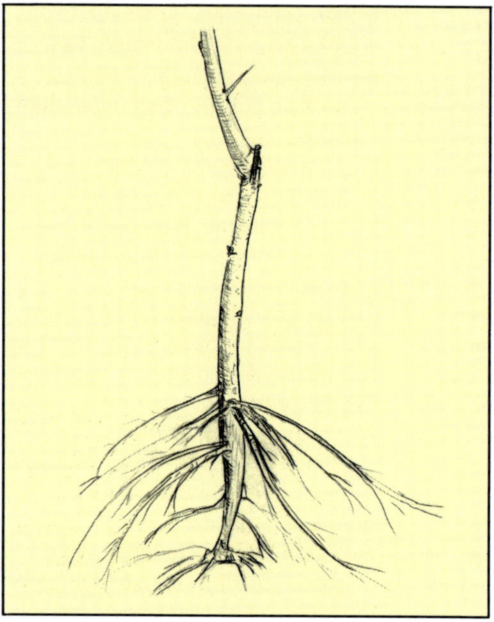

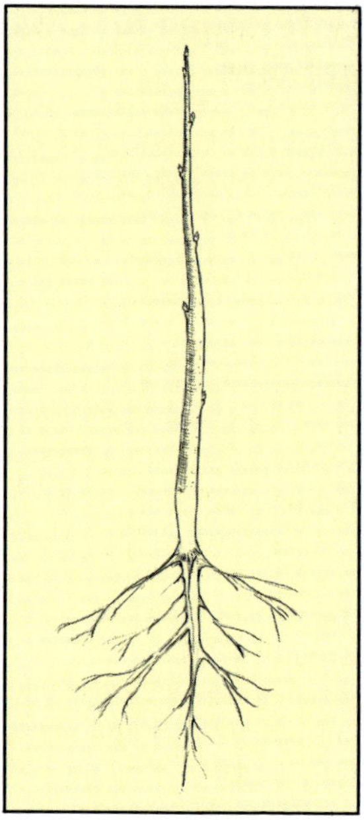

Links: Vegetativ vermehrte Typenunterlage (Abriß 2jährig). Rechts: Generativ vermehrte Veredlungsunterlage (1jähriger Sämling)

rückgegriffen werden. Hier werden die Sorten nur angebaut mit dem Ziel, Samen zu gewinnen.
Die Vermehrung von Veredlungsunterlagen wird fast ausschließlich von spezialisierten Baumschulen unter staatlicher Kontrolle durchgeführt. Dennoch ist es dem Hobbygärtner möglich, durch Aussaat dieser oder anderer Apfelsamen im Herbst selbst Sämlinge heranzuziehen.
Baumschulmäßig werden die Samen nach etwa 6wöchiger Stratifikation (Lagern in feuchtem Sand bei 2 bis 4 °C) im zeitigen Frühjahr ausgesät, wodurch Schäden durch Wühlmaus- und Vogelfraß verhindert werden.
Sowohl die Sämlingsunterlage 'Bittenfelder Sämling' als auch die Unterlage 'Grahams Jubiläum' sind sehr starkwüchsige Veredlungsunterlagen. Sie eignen sich besonders zur Anzucht von Halb- und Hochstämmen. Die Unterlagen sind virusfrei und gesund, vertragen starke, jahreszeitbedingte Temperaturschwankungen (kontinentales Klima), ebenso feuchte wie auch trockene Lagen. Auf diese Unterlagen veredelte Bäume sollten während der Anzucht kräftig beschnit-

ten werden, um ein ausreichendes, tragfähiges Astgerüst zu erzielen. Der fertige Obstbaum kommt spät in Ertrag, wird dann jedoch große Mengen der aufveredelten Sorte produzieren.
Bei einigen Apfelsorten besteht Neigung zur Alternanz. Diese Neigung wird durch die Sämlingsunterlage noch verstärkt. Sie müssen dann also nach einer reichen Apfelernte im darauffolgenden Jahr mit einer kleinen oder keiner nennenswerten Ernte rechnen.

Vegetativ vermehrte Apfelunterlagen

A2 Im schwedischen Alnarp wurde die vegetativ vermehrte Unterlage A 2 aus Apfelsämlingen französischer Herkunft selektiert. Sie läßt sich gut vegetativ vermehren und ergibt zusammen mit der aufveredelten Edelsorte sehr stark wachsende Bäume, die in mancher Hinsicht den im vorigen Abschnitt beschriebenen Sämlingen überlegen sein sollen. Die Unterlage A 2 ist sowohl für schwere als auch für leichte Böden geeignet und verträgt das von großen Temperaturunterschieden geprägte kontinentale Klima sehr gut. Die Erträge setzen – abhängig von der aufveredelten Sorte – recht spät ein bei guter Fruchtausfärbung. Bei einigen Apfelsorten soll der Ertrag auf A 2, verglichen mit dem Ertrag der gleichen Sorte auf 'Bittenfelder Sämling' und 'Grahams Jubiläum', um bis zu ca. 80% höher liegen. Allerdings liegen diesen Versuchen nur wenige Sorten zugrunde, so daß eine allgemeingültige Aussage hieraus nicht abgeleitet werden kann.
In Deutschland hat sich diese Unterlage zur Züchtung von großen Baumformen nicht durchgesetzt. Für Stämme wird hier auf Sämlinge und auf die starkwüchsige vegetativ vermehrte Veredlungsunterlage M 11 zurückgegriffen.

M-Typen und MM-Klone als vegetativ vermehrte Apfelunterlagen

In verschiedenen Ländern, z. B. in Deutschland, Belgien und England, sind vegetativ vermehrbare Apfelunterlagen mit verschieden, jeweils einheitlichen Eigenschaften gezüchtet worden. In East-Malling, England, gesichtete und für gut befundene Veredlungsunterlagen wurden anschließend von dort aus verbreitet und mit den Buchstaben EM sowie einer mit römischen Ziffern geschriebenen Zahl von vorerst I–XXIV versehen. Mittlerweile wird der Buchstabe E nicht mehr mitgeschrieben, außerdem wird die Nummernangabe jetzt in arabischen Ziffern geschrieben. Die Typenunterlagen einer Bezeichnung haben jeweils gleiche bzw. sehr ähnliche Eigenschaften, so daß bei Nennung der M-Typenbezeichnung dem damit arbeitenden Baumschuler oder erfahrenen Gärtner sogleich die hierfür zutreffenden Eigenschaften bekannt sind.

Veredlungsunterlagen

In Malling Merton in England wurden durch Einkreuzung der Apfelsorte 'Northern Spy' in M-Typenunterlagen blutlausresistente Unterlagen geschaffen, die durch die Verwendung verschiedener Typen auch zusätzlich unterschiedliche Eigenschaften aufweisen. Von diesen MM-Unterlagen haben sich lediglich diejenigen mit den Bezeichnungen MM 104 (entstanden aus M 2 × 'Northern Spy'), MM 106 ('Northern Spy' × M 1), MM 109 (M 2 × 'Northern Spy') sowie MM 111 ('Northern Spy' × 'Merton 793') im Obstbau durchgesetzt.
Die in Klammern angegebenen Namen sind die Elternpflanzen der Hybriden. Bei Kreuzungsversuchen entstehen von jeder Kombination viele oft unterschiedliche Pflanzen, die durch umfangreiche und zeitaufwendige Selektionsarbeiten nach bestimmten Kriterien ausgewählt und vegetativ weitervermehrt werden. So ist es möglich, daß verschiedene Unterlagen wie MM 104 und MM 109 gleiche Eltern haben und trotzdem unterschiedlich sind.
Im Gegensatz zu den M-Typen können MM-Unterlagen nur durch Klonen, ausgehend von der Mutterpflanze, vermehrt werden. Nur so können die genotypischen (erbbedingten) Merkmale erhalten bleiben, insbesondere die durch Einkreuzen von 'Northern Spy' erlangte Blutlausresistenz.

M 1 ('Englischer Paradiesapfel') Starkwachsende, aus dem 'englischen Paradiesapfel' hervorgegangene vegetativ vermehrte Unterlage.
Eigenschaften: Standfeste, gut vermehrbare Unterlage für mittlere Böden; die darauf wachsenden Früchte sind gut lagerfähig. Recht ausgeprägte Frostanfälligkeit, vorzeitiger Fruchtfall kann gefördert werden.

M 2 ('Echter Doucin', 'Englischer Doucin') Bereits im 18. Jahrhundert wurden in England auf dieser Type Edelsorten veredelt.
Eigenschaften: Die Unterlage benötigt guten bis mittleren Boden, sie ist nicht empfehlenswert für leichte und schwere (nasse) Böden. Die Erträge dieser mittelstark wachsenden Unterlage setzen früh ein bei großen, gut ausgefärbten Früchten. Die Standfestigkeit ist recht gering, ebenso sollten die Bäume nur in klimatisch günstigeren Lagen gepflanzt werden, da eine gewisse Frostempfindlichkeit besteht. Die Unterlage ist zwar blutlausanfällig, jedoch resistent gegen Kragenfäule.

M 4 ('Holsteiner Doucin', 'Gelber Doucin') Eine Universalunterlage für Hobbygärtner und Erwerbsanbauer. Die Unterlage M 4 wird von Baumschulern gerne zur Vermehrung schwach- und mittelstarkwüchsiger Edelsorten genommen, allerdings können auch stärkerwüchsige Sorten auf M 4 veredelt werden. Trotz kräftigen Wuchses tritt, im Gegensatz zu anderen stärker wachsenden Veredlungsunterlagen, bereits frühzeitiges Fruchten ein. Hohe Erträge bei gut ausgefärbten Früchten sind zu erwarten, die Frosthärte befriedigt, jedoch ist die Standfestigkeit oft nicht groß. Veredlungen durch Okulation müssen frühzeitig vorgenommen werden (Juli/August). Wegen häufig recht dicht stehender Augen können bei winterlicher Kopulation dem Ungeübten gewisse Schwierigkeiten erwachsen.

M 7 Diese mittelstark wachsende Unterlage eignet sich gut für schwere und feuchte Lagen wie auch für trockenere Böden. Sie ist weitgehend unanfällig gegen Kragenfäule *(Phytophthora),* hingegen besteht eine gewisse Anfälligkeit gegen Wurzelkropf *(Agrobacterium tumefaciens).* Die Wuchskraft ist geringer als die von M 4, die Erträge setzen bei dieser Unterlage aber recht früh ein.

Die Größe und Ausfärbung der Früchte wird positiv beeinflußt, hingegen ist die Ertragsleistung bei verschiedenen Sorten unterschiedlich, verglichen mit anderen Unterlagen ist sie mittelhoch. Wegen der langen, geraden und glatten Triebe dieser Unterlage sind die verschiedenen winterlichen Kopulationsveredlungsmethoden auch für den ungeübten Hobbygärtner sehr gut durchzuführen.

Je nach Standort kann diese frostharte Unterlage einen Pfahl benötigen.

M 9 ('Gelber Metzer Paradies') Eine der schwachwüchsigsten Apfelunterlagen, die sich im Erwerbsanbau als die beliebteste durchgesetzt hat. M 9 ergibt kleine Bäume mit kleiner Krone, die enges Pflanzen ermöglichen und bereits früh fruchten. Die Erträge sind sehr hoch, jedoch erschöpfen sich auf M 9 veredelte Edelsorten schneller als solche, die auf stärkerwüchsigen Unterlagen veredelt sind. Empfohlen sei die Kombination von mittelstark bis stark wachsenden Edelsorten mit der Unterlage M 9, schwächerwüchsige, wie z. B. 'Golden Delicious' bewirken ein schnelleres Erschöpfen des Baumes. Die Unterlage beeinflußt die Früchte hinsichtlich der Ausfärbung, Größe und der Inhaltsstoffe positiv, kann sich jedoch auf die Lagerfähigkeit negativ auswirken, wenn kein geeignetes Kühlhaus zur Verfügung steht. Die Unterlage selbst ist resistent gegen Kragenfäule, anfällig jedoch gegen Feuerbrand *(Erwinia amylovora)* und Blutlaus. Das Wurzelwachstum ist nicht besonders kräftig, daher sei ein Pflanzen in guten, humushaltigen Boden, eine freie Baumscheibe sowie ein Pfahl empfohlen.

M 9 und M 26 sind die zur Zeit gefragtesten Veredlungsunterlagen für Apfeledelsorten.

J 9 In Jork (»Altes Land«, Niedersachsen) entstand aus Samen nach freier Abblüte von M 9-Bäumen eine leicht vegetativ vermehrbare Unterlage, die J 9 genannt wurde. Sie ist M 9 sehr ähnlich, jedoch ist sie etwas stärker wüchsig und standfester. Im Niederelbegebiet wird sie insbesondere für kräftig wachsende Edelsorten genommen.

M 11 ('Grüner Doucin', 'Prachtscher Doucin') Soll wegen bekannter guter Eigenschaften für Hoch- und Halbstamm eine vegetativ vermehrte Unterlage genommen werden, so ist M 11 die Sorte der Wahl. Eigenschaften: Diese starkwachsende Unterlage gedeiht auf jedem Boden, ist sowohl für kräftig wachsende Edelsorten wie auch für schwächerwachsende empfehlenswert. Die Frosthärte ist gut, allerdings setzt der Ertrag recht spät ein.

M 26 Diese Unterlage ist entstanden aus M 9 × M 16, sie ist noch schwachwüchsig, etwa zwischen M 9 und MM 106. Wegen ihres etwas stärkeren Wachsens und des frühen Fruchtens wird mit erheblich größeren Ernten gerechnet werden können, als bei Veredlungen auf der Unterlage M 9. Die Frosthärte ist gut, jedoch soll die Unterlage nicht gegen Kragenfäule resistent sein. Der sommerliche Veredlungszeitpunkt sollte spät gewählt werden, sonst könnten die eingesetzten Augen wegen des ausgeprägten Dickenwachstums herausgedrückt werden. Die Standfestigkeit ist besser als die der Unterlage M 9, dennoch ist häufig ein Pfahl oder Gerüst empfehlenswert.

M 27 Dieses ist die am schwächsten wachsende Apfelunterlage, entstanden aus einer Kreuzung von M 9 × M 13. Durch Benutzung dieser Unterlage ist es möglich, Apfelbüsche in Beetkultur zu ziehen, wobei die Pflanzen, je nach Edelsorte, kaum über 1,50 m groß werden. Der Zuwachs der jungen Veredlung ist kräftig, dann aber läßt er deutlich nach. Diese Unterlage benötigt beste Böden, sie ist standfester als M 9 und gelangt bereits nach etwa 6 Jahren in Höchstertrag bei gut ausgefärbten, großen Früchten. Mit dieser Unterlage können im Hausgarten auf kleiner Fläche Dichtpflanzungen vorgenommen werden, die ein Ernten vieler Sorten ermöglichen. Auch wird hiermit dem »Balkongärtner« die Möglichkeit eröffnet, in Töpfen Apfelbäume zu kultivieren und in Ertrag zu bringen. Da diese Unterlage erst seit kurzer Zeit im Handel ist, kann eine endgültige obstbauliche Beurteilung noch nicht gegeben werden.

MM 104 Aus M 2 × 'Northern Spy' ist die blutlausresistente, mittelstarkwachsende Unterlage MM 104 hervorgegangen. Für ein gutes Wachstum ist ein guter Standort empfehlenswert, trockene und nasse Böden schließen die Verwendung dieser Unterlage aus. Die Unterlage ist frosthart und nimmt die Edelsorten gut an. Gegen die Unterlage M 4, die höhere Erträge bringt, konnte sich MM 104 allerdings nicht durchsetzen.

MM 106 Entstanden aus 'Northern Spy' × M 1. Diese Unterlage kann noch zu den schwachwüchsigen gerechnet werden; sie gedeiht sowohl auf trockenen als auch auf nassen Lagen, die Erträge setzen mittelfrüh ein und sind gut bei ebenfalls guter Fruchtgröße und -qualität. Vom Wuchs vergleichbar mit M 7 ist diese standfeste, recht frostharte Unterlage besonders für mittelstark- bis starkwachsende Edelsorten auf mittleren und leichten Böden empfehlenswert.

MM 109 Eine starkwachsende, aus M 2 × 'Northern Spy' hervorgegangene Unterlage, die besonders gut für leichte Böden geeignet ist. Eingesetzte Augen werden gut angenommen, der Wuchs ist gleichmäßig und der Ertrag ist mittelhoch. Staunässe wird nicht vertragen, die Frosthärte ist mittelmäßig und die Standfestigkeit ist geringer als die der Unterlage M 11. Trotz bestimmter guter Eigenschaften dieser Unterlage wird oft M 11 der Vorzug gegeben.

MM 111 Mittelstark bis stark wächst dieser aus 'Merton 793' × 'Northern Spy' hervorgegangene Klon. Bewurzelung, Standfestigkeit, Frosthärte und Krankheitsresistenz (Kragenfäule, Blutlaus) werden als gut bezeichnet. Frühe und hohe Erträge können erwartet werden, jedoch besteht eine gewisse Neigung zur Alternanz.

Abschließend sei zu den Apfelunterlagen zu bemerken: Die große Anzahl der Veredlungsunterlagen für Äpfel macht es dem Gärtner schwer, sich die richtige Unterlage für den vorgegebenen Standort auszusuchen. Hinzu kommt, daß fertige Pflanzen oft nur auf zwei oder drei verschiedenen Unterlagen veredelt angeboten werden, so daß die Auswahl doch nicht so groß ist. Allerdings kann durch Selbstveredeln die große Palette der Veredlungsunterlagen ausgenutzt werden.

Apfelspalierbaum auf MM 106; allzu schwachwüchsige Unterlagen sind hier ungeeignet

Eine nach der Wuchsstärke gegliederte Aufführung der beschriebenen Veredlungsunterlagen zeigt die Tabelle auf S. 37.

Veredlungsunterlagen

Birnensämling

Die Auswahl an Birnenunterlagen ist deutlich kleiner als diejenige für Äpfel. Nach umfangreichen Sichtungen und Selektionsarbeiten hat sich die aus Süddeutschland stammende 'Kirchensaller Mostbirne' als einzige Sämlingsunterlage durchgesetzt. Sie wird häufig zur Vermehrung herangezogen, weil sie eine gute Frosthärte aufweist und Edelaugen und -reiser gut annimmt. Die in vitro (im Reagenzglas) vermehrte Unterlage 'OHF 333' ist sehr gesund und im Vergleich zur Sämlingsunterlage schwächerwüchsig. Sie ist nach wie vor verfügbar, konnte sich aber – möglicherweise auch wegen ihres Preises – im großen Rahmen bislang nicht durchsetzen. Weit mehr Chancen werden der Birnenselektion 'Pyrodwarf' eingeräumt, die auch in vitro vermehrt wird. Sie ist besonders schwachwüchsig, besitzt eine ausgezeichnete Affinität zu Edelsorten und ist frostsicher. Man erhofft sich von ihr, daß sie in absehbarer Zeit die empfindlicheren Quittenunterlagen ersetzen wird. In Deutschland ist 'Pyrodwarf' seit 1996 erhältlich.
Birnen können auch auf *Crataegus* (Weißdorn) und *Sorbus* (Eberesche) veredelt werden, durchgesetzt und bewährt haben sich diese Kombinationen jedoch nicht.

Pyrus salicifolia 'Pendula' auf *P. communis* veredelt. Die gezeigte Birnenart hat allerdings nur einen Wert für Ihren Ziergarten. Zum Essen sind die Früchte weniger geeignet.

Vegetativ vermehrte Birnenunterlagen

Quitte A Einzig die Quitte wird vegetativ als Unterlage für Birnenedelsorten vermehrt. Bewährt hat sich hier die Quitte aus Angers, kurz genannt Quitte A. Sie ist schwachwüchsig und ermöglicht die Zucht kleiner Buschbäume, bei denen der Ertrag merklich früher einsetzt als der bei Veredlungen auf Birnensämling. Die Fruchtgröße und -qualität wird ebenfalls durch die Quittenunterlage günstig beeinflußt und ist höher zu bewerten als auf Sämling. Doch leider hat man mit der Veredlung auf Quitte auch einige Nachteile in Kauf zu nehmen, die gelegentlich zu einem Verzicht dieser Unterlage führen müssen. So ist die Frosthärte nicht vergleichbar mit der vom Birnensämling; an den Boden werden höhere Anforderungen gestellt hinsichtlich der Durchlüftung und der Temperatur; Staunässe wird ebenfalls nicht vertragen.

Um auch die unverträglichen Sorten auf Quitte veredeln zu können, wurde und wird häufig eine Zwischenveredlung mit einer gut verträglichen Edelsorte durchgeführt. Hierfür hat sich 'Gellerts Butterbirne' besonders bewährt.

Die Zwischenveredlung kann durch verschiedene, zum Teil zeitaufwendige Verfahren ausgeführt werden:

- Beim Nicolieren (siehe S. 85) wird eine dünne Holzscheibe einer verträglichen Birnensorte vor das eigentliche Edelauge im T-Schnitt geschoben, wodurch die Unverträglichkeitserscheinung aufgehoben wird.
- Durch Kopulieren (siehe Seite 51) der Edelsorte auf die ein Jahr zuvor der Quitte aufveredelten verträglichen Birnensorte.
- Bei der Doppelkopulation wird in einem Arbeitsgang sowohl die Zwischenveredlung durch Kopulation als auch die Edelsorte, ebenfalls durch Kopulation, aufveredelt. Bei dieser Methode wird, ebenso wie beim Nicolieren, ein Anzuchtjahr gespart. Die Erfolgsquote bei dieser

Birnensorten, die bisher als unverträglich mit Quitte als Unterlage galten:
'Alexander Lucas', 'Boscs Flaschenbirne' ('Kaiserkrone'), 'Bunte Julibirne', 'Clairgeaus Butterbirne', 'Clapps Liebling', 'Dr. Jules Guyot', 'Frühe aus Trevoux', 'Gräfin von Paris', 'Gute Luise' ('Gute Luise von Avranche'), 'Josephine von Mecheln', 'Köstliche von Charneux' ('Bürgermeisterbirne'), 'Kongreßbirne', 'Marillat', 'Napoleon', 'Packhams Triumph', 'President Drouard', 'Triumph aus Vienne', 'Williams Christ'.
Als verträglich mit Quitte als Unterlage gelten: 'Diels Butterbirne', 'Gellerts Butterbirne', 'Herzogin Elsa', 'Highland', 'Le Lectier', 'Madame Verté', 'Neue Poiteau', 'Pastorenbirne', 'Vereinsdechantsbirne', 'Winterforelle'.

Methode ist allerdings die kleinste, so daß dieses Verfahren sich nicht allgemein durchgesetzt hat.
Nachdem mittlerweile die meisten Edelsorten und Veredlungsunterlagen virusgetestet oder virusfrei sind, hat sich gezeigt, daß die ehemals aufgetretenen Unverträglichkeitserscheinungen zwischen der Quittenunterlage und diversen Birnenedelsorten nicht mehr aufgetreten sind. Sollte es sich bestätigen, daß alle virusfreien Birnen-Edelreiser mit der virusfreien Quitte als Unterlage verträglich sind, würde dadurch die Vermehrung dieser Pflanzen erheblich vereinfacht werden.

Quitte C Eine weitere vegetativ vermehrte Quittenselektion ist die Quitte C. Diese Unterlage konnte sich jedoch im Erwerbsobstbau in unserem Klimabereich nicht durchsetzen, weil sie stärker frostempfindlich ist als die Quitte aus Angers. Allerdings werden gelegentlich Birnenveredlungen, speziell aus Frankreich, auf Quitte C angeboten, denen ein geschützter Platz in günstiger Lage gegeben werden sollte. Wegen der ausgeprägten Schwachwüchsigkeit der Edelsorten auf Quitte C ist diese Unterlage auch geeignet, die Birnenkultur in den Kübel zu »verlagern«.
So ist es möglich, ebenso wie bei Apfelbäumen auf der Unterlage M 27, nunmehr auch Birnen in Topfkultur erfolgreich zum Fruchten zu bringen. Beachtet werden muß allerdings die Tatsache, daß Birnen auf Fremdbefruchtung angewiesen sind und somit, gerade bei Topfkultur, die meist weit abgelegen von anderen Birnenbäumen erfolgt, eine Befruchtersorte zu pflanzen ist.
Wird diese Befruchtersorte wiederum in einem Kübel auf schwachwachsender Unterlage kultiviert, ist es empfehlenswert, diploide Sorten zu wählen, die sich gegenseitig befruchten. In diesem Fall haben Sie die Möglichkeit, beide Bäume zu beernten. Triploide Sorten, die einen dreifachen Chromosomensatz haben, sind als Befruchtersorten nicht geeignet.

Triploide Birnensorten:
'Alexander Lucas', 'Pastorenbirne', 'Diels Butterbirne', 'Gute Graue', 'Schweizer Wasserbirne'.

Eine weitere Möglichkeit, eine Befruchtung zu gewährleisten, bietet die Doppelveredlung. In diesem Fall werden 2 geeignete Birnensorten auf eine Unterlage veredelt. Hierbei entsteht eine Pflanze, die durch gegenseitige Befruchtung der aufveredelten Sorten keinen weiteren Pollenspender benötigt. Auch kann so die Unverträglichkeit einer Birnensorte mit der Unterlage ausgeschaltet werden, indem man die zweite Sorte auf die erste, die erfolgreich auf die Quitte veredelt worden ist, durch Kopulation veredelt.

Beispiel: Unterlage Quitte C
1. Veredlung: 'Gellerts Butterbirne'
2. Veredlung: 'Williams Christ'

Auf die gelegentlich bei einigen Birnensorten auftretende Parthenokarpie sollte man sich nicht verlassen. Parthenokarpe Früchte sind samenlos und sortenuntypisch und bilden sich, ohne daß eine Befruchtersorte mitgewirkt haben muß.
Sehr schwachwüchsig sind einige Birnensorten auf *Amelanchier canadensis* (Felsenbirne). Die Veredlungen hierauf sind allerdings nur kurzlebig und waren somit nur ein Versuch, der letztlich zu keiner Empfehlung führen konnte.

Quittenunterlagen
Quitte A Für kleine Büsche wird die vegetativ vermehrte Quitte A verwandt. Gute Verträglichkeit zeichnet diese Kombination aus. Für schwächeren Wuchs kann auch auf Quitte C zurückgegriffen werden, sofern der Standort dieser Unterlage genügt.
Weißdorn: Für größere Baumformen wurde bislang Weißdorn *(Crataegus monogyna)* als Veredlungsunterlage genommen, für Hochstämme wurde Rotdorn *(Crataegus oxycantha* 'Paul's Scarlet') als Stammbildner zwischengeschaltet. Mittlerweile ist die Verwendung von *Crataegus* wegen der Anfälligkeit gegen Feuerbrand *(Erwinia amylovora)* als Unterlage nicht mehr gestattet.

Machbar und empfehlenswert: Wollmispel auf Quittenunterlage

Eberesche, Birne: Ersatz bieten sowohl Veredlungen auf Birnensämlinge *(Pyrus)* sowie auf die Eberesche *(Sorbus aucuparia)*, wobei besonders auf die gute Frostverträglichkeit der Eberesche hingewiesen werden soll.
Obgleich der erwerbsmäßige Anbau von Quitten bei uns keine große Rolle spielt, sollte diese Pflanze wegen der Schönheit ihres Wuchses und ihrer rosenähnlichen, großen Blüten sowie der Verarbeitungsmöglichkeiten der Früchte im Hausgarten einen Platz finden.

Mispelunterlagen
Großfruchtige Kulturformen der Mispel *(Mespilus germanica)* werden auf *Crataegus* veredelt; Sämlinge sind stark bedornt und tragen nur kleine Früchte. Ebenfalls sind Veredlungen auf Quitte, Birne und Eberesche möglich.

Veredlungsunterlagen

Kirschen-Sämlingsunterlagen

Vogelkirsche: Nach wie vor ist der Vogelkirschen-Sämling *(Prunus avium)* die am weitesten verbreitete Unterlage sowohl für Süß- als auch für Sauerkirschen. Die aus der 'Echten Hellrindigen Harzer Vogelkirsche' durch Selektion entstandene 'Limburger Vogelkirsche' und 'Hüttners Hochzucht' (Hüttner 170 × 53) werden sowohl von Erwerbsanbauern als auch von Gartenbesitzern mit nicht zu kleinen Gärten als Unterlage vorgezogen, obgleich mittlerweile auch schwächerwüchsige vegetativ vermehrbare Unterlagen verfügbar sind.

Virosen können durch generative (geschlechtliche) Vermehrung übertragen werden, dennoch konnten sich über eine lange Zeit die Sämlingsunterlagen behaupten. 'Altenweddinger Sämlinge' sind neuerdings auch virusfrei verfügbar. Große Bäume entstehen bei Verwendung von Vogelkirsche als Unterlage. Speziell 'Hüttners Hochzucht' ergibt glatte, gerade, wenig harzflußanfällige und frostharte Stämme. Veredlungen von Kirschen werden zumeist in der Höhe der gewünschten Verzweigung durch geeignete Veredlungsmethoden vorgenommen, weil die Edelsorten selbst oft frostanfälliger sind und eher zu Harzfluß neigen. Veredlungen durch Okulation auf den Wurzelhals sind bei Kirschen daher bei uns nicht üblich und auch nicht zu empfehlen.

Prunus avium (Wildkirsche): Für alle Süß- und Sauerkirschsorten ist dieses eine ausgezeichnete starkwüchsige Unterlage. Unveredelt wachsen an ihr viele kleine, bittere Früchte, deren Samen zur Unterlagenzüchtung benutzt werden.

Steinweichsel Eine weitere Sämlingsunterlage für Süß- und Sauerkirsche ist die Steinweichsel *(Prunus mahaleb),* die den aufveredelten Sorten einen schwächeren Wuchs verleiht und somit für kleinere Baumformen geeignet ist. Allerdings konnte sich diese Wildkirsche trotz der begehrten Schwachwüchsigkeit der aufveredelten Sorten insbesondere bei den Süßkirschen nicht durchsetzen, weil die negativen Eigenschaften oft überwiegen. So treten häufig Unverträglichkeitserscheinungen schon bei der Anzucht auf, die ein Absterben der Edelsorten oder Windbruch wegen mechanischer Verwachsungsmängel zur Folge haben. Doch selbst wenn die Süßkirschenveredlungen nach dem äußeren Erscheinungsbild gelungen sind, so ist nach dem Aufpflanzen des Baumes in der Anlage oder im Garten häufig in den folgenden Jahren mit Schäden und einem Absterben oder Abbrechen der Edelsorte zu rechnen. Daher ist die Veredlung von Süßkirschen auf *Prunus mahaleb* nicht ratsam.

Sauerkirschen scheinen besser kombinierbar zu sein mit der Weichselkirsche, obgleich auch hier Unverträglichkeitserscheinungen – auch nach längerer Kulturzeit – keine Ausnahme darstellen. Empfehlen kann man daher eine Kombination mit der Sauerkirsche nur dann, wenn neben gewünschtem schwachen Wuchs trockene, sandige Standorte vorgegeben sind. Hier könnte *Prunus mahaleb* der Vogelkirsche als Unterlage vorgezogen werden.

Allerdings wird auch die Meinung vertreten (de Haas 1967), daß der schwächere Wuchs bei dieser Unterlage eine Frage der Affinität sei. Auch die Lebensdauer solcher Verbindungen ist kürzer als die der auf Vogelkirsche veredelten Bäume. Heimann hat *Prunus mahaleb*-Selektionen getestet und selektiert, von der inzwischen 'Heimann 10' im Handel ist. Sie zeichnet sich durch eine größere Einheitlichkeit aus, ist ansonsten aber noch umstritten.

Vegetativ vermehrte Kirschenunterlagen

'Maxma Delbard 14' Eine weitere mittlerweile bewährte Kirschenunterlage ist 'Maxma Delbard 14', die in vitro vermehrt wird und überwiegend positive Eigenschaften aufweist. Sie ist virusfrei, besonders einheitlich im Wuchs, gut zu veredeln, sowohl durch Okulation und Chippen als auch durch Kopulation während der Vegetationsruhe. Sie ist recht schwachwüchsig und verträglich mit Süß- und Sauerkirschensorten und zudem frosthart. In Containern kultivierte ein- und zweijährige Veredlungen der Sorten 'Büttners Rote Knorpelkirsche', 'Schattenmorelle' und 'Kelleriis 14' haben beim Verfasser schadlos den besonders kalten Winter 1986/87 überstanden.

Ebenso haben diese und einige andere Sorten auf 'Maxma Delbard 14' als zweijährige Gehölze den langen Winter 1995/96 gut überlebt.

***Prunus avium* F 12/1** Um einheitliche, gesunde und schwächerwachsende Süßkirschenbäume zu erzielen, wurde und wird geforscht und selektiert. In East-Malling in England kam die vegetativ durch Ableger vermehrbare *Prunus avium*-Selektion mit der Bezeichnung F 12/1 in den Handel, an die man große Erwartungen knüpfte und daher diese Unterlage häufig der *Prunus avium*-Sämlingsunterlage und der nicht mit allen Sorten verträglichen *Prunus mahaleb*-Unterlage vorzog.

Im Laufe der Jahre konnten umfangreiche Erfahrungen mit Kirschgehölzen auf F 12/1 gesammelt werden. Es stellte sich heraus, daß die zwar virusfreien Unterlagen stark bis sehr stark wuchsen – was allgemein unerwünscht war und insofern keine Verbesserung zur Sämlingsunterlage darstellte und, obgleich virusfrei, bei späterem Virusbefall der Edelsorte mit deutlich nachlassenden Erträgen gerechnet werden mußte. Auch wurde von Erfahrungen berichtet, die auf eine negative Beeinflussung der Fruchtgröße hindeuten. Die Frosthärte und Gummiflußresistenz wird unterschiedlich bewertet. In sehr kalten Wintern soll die Kambiumschicht geschädigt werden können, was dann Gummifluß zur Folge hat.

Ein sicher erprobter Ersatz für die Süßkirschenunterlagen F 12/1 ist noch nicht bekannt, obwohl die zuvor beschriebene 'Maxma Delbard 14' sowie die Unterlage 'Colt' in der Zukunft diese Lücke – vielleicht – schließen können.

F 12/1 ist geeignet für große Süß- und Sauerkirschen sowie für Zierkirschenbäume als Halbstamm und Hochstamm.

'Colt' In vielen Ländern, z. B. in Italien, den Niederlanden, USA, Großbritannien und der Bundesrepublik Deutschland, wird durch Kreuzungsversuche und Selektionsarbeiten an vegetativ vermehrbaren Unterlagen gearbeitet, die den zum Teil rückläufigen Süßkirschenanbau wiederbeleben sollen. In East-Malling in England entstand die sich mittlerweile auf dem Markt befindliche Unterlage 'Colt' aus einer Kreuzung zwischen *Prunus avium* × *Prunus pseudocerasus*. Diese Kirschenunterlage, verträglich mit Süß-, Sauer- und Zierkirschen, wächst deutlich schwächer als die herkömmlichen Unterlagen *Prunus avium* oder F 12/1 und zeigt in Verbindung mit Süßkirschensorten keine Unverträglichkeitserscheinungen, so wie die Kombination mit der bislang für schwächere Wuchsformen gewählten Unterlage *Prunus mahaleb*.

Diese Unterlage ist gut zu okulieren und gut geeignet für winterliche Kopulationsmethoden und für Handveredlungen.

Eine Neigung bei Jungpflanzen zur Luftwurzelbildung kann gelegentlich beobachtet werden. 'Colt' ist virusfrei und gut verträglich mit Süß-, Sauer- und Zierkirschen.

'Gisela 5' In Gießen wurden Kreuzungsversuche mit den Kirschenarten *Prunus avium, P. cerasus* und *P. pseudocerasus* unternommen. Eines der wichtigsten Ziele hierbei war, eine gesunde Veredlungsunterlage mit ausgeprägter Schwachwüchsigkeit sowie einer guten Verträglichkeit mit möglichst allen Süß- und Sauerkirschensorten zu schaffen. Dieses ist mit 'Gisela 5' gelungen. Süßkirschen-Edelsorten, die auf dieser Unterlage veredelt wurden, erreichten in 4 Jahren im Freiland eine maximale Höhe von 2,50 Metern. Inzwischen ist diese Unterlage vielerorts eingeführt. Vermehrt wird 'Gisela 5' in vitro durch Meristemkultur.

Weitere Kirschenunterlagen
Schwachwüchsiger als 'Gisela 5' wächst die Selektion **'Gisela 4'**, jedoch liegen Erfahrungen hiermit noch nicht in ausreichender Zahl vor. Aus Weihenstephan kommen schwachwachsende Klone mit der Bezeichnung **'Weiroot'**. Diese befinden sich noch in der Erprobungsphase, daher kann Abschließendes derzeit nicht berichtet werden.

Pflaumen-Sämlingsunterlagen
Als Unterlagen für Pflaumen, Zwetschgen, Mirabellen und Renekloden werden überwiegend Sämlinge bestimmter Selektionen verwandt, die jedoch mehr und mehr durch bestimmte, einheitlichere und schwächer wachsende, vegetativ vermehrte Unterlagen abgelöst werden.

Myrobalane Die am häufigsten verwendete Pflaumenunterlage ist nach wie vor *Prunus cerasifera* (Myrobalane), die der aufveredelten Sorte einen starken Wuchs verleiht und zu starkem Fruchten führt. Insbesondere für reichtragende Edelsorten wie die 'Ontario-Pflaume', 'The Czar' und die rötlich violette Pflaume 'Königin Viktoria' wird bevorzugt die Myrobalane verwandt, um einem vorzeitigen Erschöpfen der Sorten vorzubeugen. Eine gegebenenfalls vorhandene sortentypische Neigung zur Alternanz kann durch die Myrobalane verstärkt werden.

Die Standfestigkeit dieser Unterlage ist sehr gut, sie ist besonders geeignet auf mittleren Böden. Selbst auf leichten Böden ist immer noch mit einem guten Fruchten zu rechnen. Die Frostunempfindlichkeit dieser Unterlage ist nicht voll ausreichend, ferner kann ein gelegentliches Ausbilden von Wurzelausläufern lästig sein. Auch ist die Einheitlichkeit dieser Unterlage nicht voll zufriedenstellend, werden die zur Vermehrung genutzten Samen doch vornehmlich nach freier Abblüte wilder Pflanzen in Osteuropa gesammelt.

Zwischenzeitlich laufen Versuche, durch Selektion gewonnene Pflanzen mit gewünschten Eigenschaften virusfrei vegetativ zu vermehren, die bei erfolgreichem Abschluß sicherlich zu einer wesentlichen Bereicherung bei den Pflaumenunterlagen führen würde.

'St. Julien' Die Unterlage Prunus 'St. Julien d'Orleans' hat sich bewährt für gute Böden. Sie verleiht der aufveredelten Pflanze ein schwächeres Wachstum als bei Veredlung auf Myrobalane und führt zu einem früheren Fruchten. Mit Edelsorten ist sie, außer mit der Sorte 'Ruth Gerstetter', gut verträglich. Die Neigung der 'St. Julien d'Orleans' zur Schosserbildung ist recht stark ausgeprägt.

***Prunus* 'St. Julien INRA Nr. 2'**
Diese verbreitete Unterlage ist eine Hybride aus 'St. Julien A' × 'Brompton' und hat sich als mittelstarkwüchsige Pflaumenveredlungsunterlage für gute Böden bewährt. Eine gute Reiser- und Augenannahme zeichnet diese Unterlage ebenso aus wie der hohe und frühe Fruchtertrag der hierauf veredelten Sorten, auch Standfestigkeit und Resistenz gegen parasitäre Wurzelerkrankungen sind gegeben.
Die in Teilen der Fachliteratur dieser Unterlage zugesprochene Wurzelausläuferfreiheit wird nicht von jeder Obstbaumschule bestätigt. Dennoch ist 'St. Julien INRA Nr. 2' eine bewährte, empfehlenswerte Veredlungsunterlage.

***Prunus* 'Damascena Noir'** wird gelegentlich angeboten. Diese Unterlage ist sowohl für Pflaumen als auch für Pfirsiche und Aprikosen geeignet. Nach Küppers soll sie stammen aus Saatgut der 'Großen Grünen Reneklode', die allerdings sehr unterschiedlich fällt und keine große Bedeutung hat.

Vegetativ vermehrte Pflaumenunterlagen
Um gesunde, einheitliche, schwächer wachsende und leichter vermehrbare Unterlagen anbieten zu können, wird viel Forschungsarbeit in die vegetativ vermehrbaren Pflaumenunterlagen investiert.
Mit französischen INRA-Unterlagen von der »Station de Recherche d'Arbiculture Frutiére de la Maye« im französischen La Grande Ferrade sollen große Erfolge auf diesem Gebiet erzielt worden sein. Geprüft werden muß allerdings noch die Möglichkeit der Versuchsdatenübertragung auf die Verhältnisse in Deutschland. Immerhin ist das Klima in Südfrankreich dem unsrigen nicht sehr ähnlich.

***Prunus cerasifera* (Myrobalane)**
Wie unter Sämlingsunterlagen bereits erwähnt, laufen Versuche, Pflanzen mit bestimmten gewünschten Eigenschaften zu selektieren und diese dann vegetativ von einer Mutterpflanze ausgehend zu vermehren.
Erwähnenswert seien hier sowohl die *Myrobalana alba* 'Pfälzer Typ',

die sich bislang jedoch nicht durchsetzen konnte. Hingegen steht der Myrobalanenselektion 'Myruni' von Uhl nach vielversprechenden Testungen in Geisenheim möglicherweise eine große Zukunft bevor.

***Prunus* 'INRA GF 8/1'** Die 'Marianenpflaume' ist eine Hybride aus *Prunus cerasifera* × *P. munsoniana.* Vermehrt wird diese starkwachsende und dennoch die Edelsorte zu frühem Fruchten veranlassende Unterlage aus Steckholz, sie eignet sich gut für Pfirsiche, Aprikosen und Pflaumen. In der Literatur wird dieser Unterlage eine relativ geringe Frosthärte zugesprochen. Aufgrund eigener Erfahrungen im Norden Deutschlands ist die Frosthärte zumindest gleichwertig mit der der Myrobalane.

***Prunus* 'Brompton'** Eine sehr gute Unterlage ist die zu den *Prunus domestica*-Formen gehörende 'Bromptonpflaume', die auch vegetativ aus Steckholz vermehrt wird. Der Wuchs der aufveredelten Sorte ist stark bis sehr stark, die Frostanfälligkeit geringer als bei der Myrobalane. Auch das Fruchten setzt schneller ein, jedoch ist die Unterlage anfällig gegen die Scharka-Krankheit (Viruserkrankung). Der Baum ist standfest durch kräftige Wurzelbildung, so daß diese Unterlage für größere Baumformen sowie für reichtragende Edelsorten empfehlenswert ist. Mittlerweile sollten nur noch virusfreie, gesunde Unterlagen verkauft werden.

'St. Julien A' In East Malling wurden aus 'St. Julien'-Sämlingen verschiedene Pflanzen selektiert, die mit großen Buchstaben bezeichnet wurden. Lediglich die Auslese 'St. Julien A' hat eine gewisse Bedeutung erfahren wegen ihres schwächeren bis mittelstarken Wuchses sowie ihrer Standfestigkeit. Die Erträge der hierauf veredelten Sorten sind jedoch nur mittelhoch.

'St. Julien INRA 655/2' In Frankreich wurde aus einer englischen 'St. Julien'-Selektion eine weitere mit der Bezeichnung »655/2« selektiert, die sich durch schwächeren Wuchs auszeichnet als andere Pflaumenunterlagen, sowie durch Standfestigkeit und frühen Ertragsbeginn bereits im 2.–3. Jahr. Die Bäume werden etwa 2,5–3 m hoch und sind daher vergleichbar mit Apfelbäumen, die auf M 9 oder M 26 stehen.

'Pixi' Eine neue, aus England stammende, sehr schwachwüchsige Veredlungsunterlage für Pflaumen, Aprikosen und Pfirsiche ist die ebenfalls von *Prunus* 'St. Julien' stammende 'Pixi', die eine Dicht- bzw. Heckenpflanzung sowie Topfkultur ermöglicht.

'Fereley' Diese durch Meristemkultur vermehrte Unterlage stammt aus Frankreich, wo sie bereits recht häufig verwendet wird; nun aber ist sie auch in Deutschland erhältlich. Sie ist gesund und gut verträglich mit den Edelsorten und ähnlich schwachwüchsig wie 'Pixi'.

Weitere Pflaumenunterlagen
Weitere Gehölze als Veredlungsunterlagen für Pflaumen sind mehr oder weniger geeignet, jedoch sind sie häufig sehr uneinheitlich, nach Jahren noch unverträglich oder zeigen Kummerwuchs. Daher soll hier auf solche Kombinationen nicht näher eingegangen werden.
An verschiedenen Instituten wird an weiteren Unterlagen für Pflaumen geforscht – besonders am bereits erwähnten »INRA«-Institut in Frankreich –, dessen Ergebnisse in den nächsten Jahren sicher weitere Unterlagenempfehlungen für unseren Klimabereich rechtfertigen werden.

Aprikosenunterlagen
'Mariannenpflaume GF 8/1' Sie ist als Veredlungsunterlage für größere Baumformen und für feuchte Standorte geeignet.
Eine weitere Beschreibung siehe unter vegetativ vermehrbare Pflaumenunterlagen.
Weiterhin ist die arteigene Sämlingsform als geeignete Unterlage anzusehen, insbesondere im nicht optimalen Klima.
Myrobalane ist als Unterlage ebenso geeignet wie sie für Pflaumen verwendbar ist.
***Prunus* 'Brompton'** ist geeignet für kräftigwachsende Bäume sowie für Halb- und Hochstämme.
'St. Julien A' gibt der Aprikose ein mittelstarkes Wachstum bei früh einsetzendem Ertrag.
Ferner sind weitere verschiedene Pflaumenunterlagen mit der Aprikose veredelbar.

Pfirsich- und Nektarinenunterlagen
Pfirsich-Sämlingsunterlage *(Prunus persica)* Sie ist eine bewährte Unterlage für warme, durchlässige Böden, die kräftig wachsende standfeste Bäume ergibt, die trotz der Sämlingsunterlage schon früh fruchten.
Bewährt haben sich die Sorten 'Hygama' und 'Rubira', deren Samen vornehmlich zur Veredlungsunterlagenanzucht verwendet werden. Weiterhin geeignet zur Sämlingsanzucht sind auch die Sorten 'Gembsheimer', 'Kernechter vom Vorgebirge' (syn. 'Roter Ellerstädter') sowie die Sorte 'Proskauer', die eine besondere Bedeutung in Ostdeutschland hat.
***Prunus* 'St. Julien d'Orleans'** ist als Unterlage für mittelstark wachsende Bäume auch auf schweren Böden geeignet. Hier setzt der Ertrag bereits früh ein, hingegen soll diese Kombination frostempfindlicher sein als Veredlungen auf Sämling.
'Bromptonpflaume' ist ebenfalls geeignet und verleiht der Pflanze ein kräftiges Wachstum sowie ein frühes Fruchten bei guter Verträglichkeit.
'Pixi' ist eine besonders schwachwüchsige Unterlage für Pfirsiche und Nektarinen. Mit ihrer Verwendung können Obstgehölze geschaf-

fen werden, die sich bestens zur Kultur in einem Gefäß eignen. Auch frei ausgepflanzt werden die Obstbäume nicht groß; Heckenpflanzungen auf dieser Unterlage sind möglich. Allerdings sollte beachtet werden, daß nicht zu allen Pfirsichsorten eine ausreichende Affinität besteht, so daß Unverträglichkeitsreaktionen auftreten können.
Prunus spinosa, die Schlehe, ist eine Unterlage für Pfirsiche und Nektarinen, die einen schwächeren Wuchs induziert und eine Kultur im Kübel ermöglicht.

Mandelunterlagen
Obgleich die Kultur der Mandel in Deutschland keine Bedeutung hat, so wird sie doch in einigen klimatisch geeigneten Teilen Deutschlands, der Schweiz und Österreichs erfolgreich – das heißt unter Ausbildung von süßen Mandeln – kultiviert. Auch in anderen, klimatisch ungünstiger gelegenen Landesteilen kann die Mandel *(Prunus dulcis)* gezogen werden, da sie niedrigen winterlichen Temperaturen widerstehen kann. Die Früchte reifen dort aber nur selten aus. Ihre frühe Blüte ist spätfrostgefährdet. Als Veredlungsunterlage kommt die **Sämlingsunterlage** für warme, auch trockene Lagen in Frage. Sie ist bei uns jedoch kaum erhältlich. Es stehen jedoch die ebenfalls geeignete **'Brompton'**-Unterlage für schwere Böden und starkes Wachstum sowie die schwächerwüchsige ***Prunus*** **'St. Julien'**-Unterlage zur Verfügung. Auch die 'Hauszwetsche' aus vegetativer Vermehrung ist als Unterlage für große Baumformen geeignet. In den Anbauländern der Mandel sind Hybriden *(Prunus persica × P. dulcis)* als Unterlagen besonders wichtig.

Walnußunterlagen
Die Vermehrung der Walnuß kann über Sämlinge erfolgen. Bewährte Sorten und bestimmte und einheitliche Baumformen hingegen sind nur durch Veredlung erhältlich. Auch ist mit dem Fruchten bei Sämlingspflanzen erst nach etwa 18–20 Jahren zu rechnen, während Veredlungen bereits nach 3 Jahren fruchten können. Die Frostempfindlichkeit ist bei Sämlingen größer wegen des früheren Austriebs. ***Juglans regia*** als Sämlingsunterlage erbringt lange haltbare, großwerdende Bäume, während ***Juglans nigra*** schwächerwüchsige, früh fruchtende Bäume erwarten läßt.

Johannis- und Stachelbeerunterlagen
Johannisbeer- und Stachelbeerpflanzen werden in Buschform überwiegend vegetativ aus Steckholz angezogen. Fuß- oder Hochstämme sowie die Sorte 'Heinemanns Spätlese' hingegen werden durch Veredlung auf geeignete vegetativ vermehrbare Unterlagen durch seitliches Einspitzen oder Anplatten erfolgreich veredelt.

Johannisbeeren-Hochstämmchen; kleine Exemplare können auch dekorative Kübelpflanzen sein.

***Ribes aureum* (Goldjohannisbeere)**
Dieses ist die wichtigste und bekannteste Veredlungsunterlage, wovon es mittlerweile auch einige spezielle Selektionen gibt.

Ribes divaricatum Diese Unterlage eignet sich besser für niederschlags- bzw. wasserreiche Gebiete, weil *Ribes aureum* hier zur Wassersucht neigt (Anschwellen des Stammes bis hin zum Einreißen, das durch Stickstoffdüngergaben noch gefördert wird.

Ribes uva-crispa Eine Unterlage, die sich neben *Ribes divaricatum (Ribes arboreum)* besonders gut zur Veredlung von Stachelbeeren eignet.

Wegen ihres kräftigen, starken Wachstums und der Ausbildung glatter, kräftiger Stämme sind auch bestimmte Hybriden von Johannis- und Stachelbeeren zur Anzucht von Veredlungsunterlagen geeignet.

Haselnußunterlagen
Haselnußsorten werden gewöhnlich durch Absenker bzw. durch Ablegen vermehrt. Eine Veredlung auf *Corylus avellana* ist möglich und wird insbesondere bei der Vermehrung der Korkenzieherhaselnuß *(Corylus avellana* 'Contorta') durchgeführt.

Weinrebenunterlagen
Wein kann neben der Veredlung durch Absenken und durch Augenstecklinge vermehrt werden. Die häufigste Methode ist das Veredeln, insbesondere die maschinelle Veredlung durch den Omegaschnitt sowie die Winterhandveredlung durch Kopulation mit Gegenzungen.

Als Veredlungsmaterial kommen reblausfeste amerikanische Unterlagen in Betracht, die ein früheres Fruchten und eine Verbesserung der Fruchtqualität gewährleisten.

Veredlungsunterlagen

Wuchsstärken von wichtigen Obst-Veredlungsunterlagen

Unterlage	Wuchsstärke
<u>Apfel</u> <u>*(Malus domestica)*</u>	
Apfelsämling	sehr stark
A 2	sehr stark
M 11	sehr stark
MM 109	sehr stark
MM 111	mittelstark
M 4	mittelstark
MM 104	mittelstark
M 2, M 7	mittelstark
MM 106	mittelschwach
M 26	schwach
J 9	schwach
M 9	schwach
M 27	sehr schwach
<u>Birne</u> <u>*(Pyrus communis)*</u>	
Birnensämling	stark
Quitte A	schwach
Quitte C	schwach
<u>Quitte</u> <u>*(Cydonia oblonga)*</u>	
Sorbus aucuparia	stark
Quitte A	schwach
Quitte C	schwach
<u>Mispel</u> <u>*(Mespilus germanica)*</u>	
Sorbus aucuparia	stark
Crataegus monogyna	schwach
<u>Süßkirsche</u> <u>*(Prunus avium)*</u>	
Prunus avium	stark
Prunus avium F 12/1	stark
'Colt'	schwach
'Maxma Delbard 14'	schwach
'Gisela 5'	schwach

Unterlage	Wuchsstärke
<u>Sauerkirsche</u> <u>*(Prunus cerasus)*</u>	
Prunus avium, P. a. F 12/1	stark
Prunus mahaleb	mittelschwach
'Colt'	schwach
'Maxma Delbard 14'	schwach
'Gisela 5'	schwach
<u>Pflaume, Zwetsche, Mirabelle, Reneklode</u> <u>*(Prunus domestica)*</u>	
Prunus cerasifera (Myrobalane)	stark
Prunus 'Marianna' INRA GF 8/1	stark
Prunus 'Brompton'	stark
INRA 2	mittel
Prunus 'St. Julien d'Orleans'	mittel
Prunus 'St. Julien' INRA 655/2	schwach
'Pixi' ('St. Julien'-Selektion)	sehr schwach
<u>Aprikose</u> <u>*(Prunus armeniaca)*</u>	
Aprikosensämling	stark
Prunus cerasifera	stark
Prunus 'Brompton'	stark
Prunus 'St. Julien d'Orleans'	mittel
<u>Pfirsich, Nektarine</u> <u>*(Prunus persica)*</u>	
Pfirsichsämling	stark
Prunus 'Brompton'	stark
Prunus 'St. Julien d'Orleans'	mittel
'Pixi'	sehr schwach
<u>Mandel</u> <u>*(Prunus dulcis)*</u>	
Mandelsämling	stark
Prunus 'Brompton'	stark
Prunus 'St. Julien d'Orleans'	mittel
Prunus 'St. Julien' INRA 655/2	schwach

Sonstige Obstarten

Edelsorte	Unterlage	Wuchsstärke
Speierling *(Sorbus domestica)*	*Pyrus communis*	stark
Walnuß *(Juglans regia)*	*Juglans regia*	stark
	Juglans nigra	mittel
Johannisbeere *(Ribes rubrum, R. nigrum)*	*Ribes aureum*	
Stachelbeere *(Ribes uva-crispa)*	*Ribes aureum*	

Die in dieser Tabelle für die Edelsorten aufgeführten Unterlagen haben sich in der Vergangenheit bewährt. Weitere Kombinationen sind möglich, jedoch nicht immer von langer Lebensdauer, wenn Unverträglichkeitserscheinungen auftreten.

Veredlungsunterlagen

Unterlagen für Ziergehölze

Ebenso wie Obstgehölze werden viele Ziergehölze durch Veredlung vermehrt, weil Sämlinge nicht sortenecht fallen und Stecklinge oder Steckhölzer aus unterschiedlichen Gründen nicht zum gewünschten Erfolg führen.
Insbesondere Hybriden sind durch Samenaussaat oft nicht vermehrbar. Hier bietet sich die Veredlung auf geeignete Unterlagen an. So sind die meisten Rosensorten Kreuzungen verschiedener Arten, die nur vegetativ vermehrt werden können. Gelegentlich werden Hybriden über Stecklinge oder Steckholz vermehrt, durchgesetzt hat sich diese oft aufwendige und unsichere Methode hingegen nicht. Nach wie vor ist hier die Veredlung die wichtigste Vermehrungsart.

Rosenunterlagen

Zum Aufveredeln verschiedener Rosenedelsorten auf Rosensämlinge sind viele Sämlingsformen geeignet. Einige haben sich wegen verschiedener positiver Eigenschaften besonders bewährt und werden daher von speziellen Rosenbaumschulen ausschließlich verwendet. Auch dem Hobbygärtner sei empfohlen, nach Möglichkeit auf die vorhandenen bewährten Unterlagen zurückzugreifen, damit die in die Veredlung investierte Arbeit auch lange Zeit Blüten und Früchte (Hagebutten) trägt.

***Rosa canina* 'Inermis'** Die zur Rasse *Rosa canina* zählende 'Inermis' ist eine der beliebtesten Veredlungsunterlagen für Rosen, sie ist fast stachellos und sehr wüchsig, daher von Juni bis September zu veredeln. Ihr kräftiger, glatter Wurzelhals erleichtert die Okulation. Das Wurzelwerk ist stark, die Pflanze gesund. Auch als Stammbildner geeignet, obgleich hierfür häufiger auf *Rosa canina* 'Pfänders' zurückgegriffen wird. *Inermis* verträgt keine Trockenheit.

***Rosa canina* 'Pfänders'** Diese Rosenunterlage wird wegen ihrer besonders großen Wüchsigkeit und ihrer Ausbildung gerader Stämme als Veredlungsunterlage für Stämme und Trauerstämme verwandt, jedoch auch niedrige Rosenformen können auf ihr erfolgreich veredelt werden.

***Rosa canina* 'Pollmers'** Auch 'Pollmeriana' genannt wird diese besonders für Treibrosen geeignete Unterlage. Die meisten Edelsorten werden gut angenommen, auch als Stammbildner ist sie verwendbar. Frühe Veredlung ist erforderlich, mehltauanfällig.

***Rosa* 'Laxa'** *(Rosa coriifolia* var. *froebellii).* Die 'Laxa' mit ihrer sehr starken Bewurzelung ist insbesondere für dunkelrote Teehybriden geeignet, weil sie deren Farben besonders gut wiedergibt. Auch für schwere und kalkreiche Böden ist sie empfehlenswert. Die Veredlung sollte bis Mitte Juli vollzogen sein.

Rostbefall ist möglich bei ungenügender Kali-Kalk-Versorgung.

Rosa multiflora Besonders die stachellose *»multiflora«* ist eine sehr beliebte Veredlungsunterlage, weil sie Edelsorten gut annimmt, eine große Wüchsigkeit aufweist und relativ mehltauresistent ist. Die Frosthärte hingegen könnte besser sein.

Weitere Rosenunterlagen sind im Handel, haben bei uns jedoch nur eine geringere Bedeutung. Erwähnenswert wäre *Rosa indica* var. *major* (in Europa syn. *R. odorata*), als Unterlage für die Treiberei im Gewächshaus, da sie für Freilandrosen nicht ausreichend winterhart ist.

Laubgehölzunterlagen

Viele Laubgehölze können sortenecht nur vegetativ vermehrt werden. Oft ist das Mittel der Wahl eine der vielen Veredlungsmethoden, wobei zwischen Unterlage und zu vermehrender Sorte eine verwandtschaftliche Beziehung nötig ist, die ein dauerhaftes Verwachsen der beiden Individuen gewährleistet.

So ausführlich auf die Laubgehölzunterlagen einzugehen, wie dieses bei den Obstgehölzunterlagen erforderlich war, ist im Rahmen dieses Buches nicht möglich.

Die Tabelle auf S. 40 soll einen Überblick über Edelsorten und Unterlagen geben, deren Kombinationen sich bewährt haben. Sicher mögen auch einige andere Pflanzenkombinationen oft einen scheinbaren Erfolg erzielen, allerdings ist dieser vermeintliche Erfolg nicht selten von kurzer oder kürzester Dauer, so daß es sich empfiehlt, bewährte Unterlagen zu wählen.

Rosenstämmchen werden durch Augenveredlung vermehrt (Okulieren, Chippen).

Grundsätzlich sollten Sämlinge der gleichen Art als Unterlage gewählt werden.

Nadelgehölzunterlagen

Nadelgehölze werden überwiegend durch Anplatten oder seitliches Einspitzen im Winter vermehrt.

Bei einigen Arten kann erfolgreich auch die sommerliche Veredlung durchgeführt werden. Unterlagen sind überwiegend Sämlinge der betreffenden Art.

Unterlagen für Laubgehölze und mögliche Veredlungsmethoden

Art/Sorte	Unterlage	Veredlungsmethode	Veredlungszeitpunkt	Bemerkung
Acer	jeweilige Art	O, SE	VI–VIII, II + VIII	
Actinidia chinensis	*A. chinensis*	O, Ch		getopfte Unterlage
Adenium obesum	*Nerium oleander*	K	V–VII	getopfte Unterlage
Aesculus	*A. hippocastanum*	(O), SE	VI–VIII	
Amelanchier laevis	*Crataegus monogyna, Sorb. auc.*	O	VI–VIII	
Aralia	*A. elata*	K, G	III	getopfte Unterlage
Aronia	*Sorbus aucuparia*	K, G, SE	XII–II	
Aucuba	*A. japonica*	SE, K		
Betula	*B. verrucosa, B. papyrifera*	O, Anpl.	VIII–IX, VI	
Caragana	*C. arborescens*	K, G	XII–III	
Carya illinoinensis	*Juglans regia*	K	XII–II	getopfte Unterlage
Castanea sativa	*C. sativa*	K, G	XII–III	getopfte Unterlage
Cercis	*C. siliquastrum*	K, G	XII–II	
Chaenomeles	*C. speciosa, Cydonia oblonga*	K	XII–III	
Citrus	*Poncirus trifoliata, C. aurantiaca*	K, G, Ch	III–VI	getopfte Unterlage
Clianthus	*Colutea arborescens*	Sp.Pfr.	IV–V	22 °C
Clematis	*C. vitalba*	Anpl., Sp. Pfr.	II, V–VII	getopfte Unterlage
Corylopsis	*C. spictata*	Anpl.	I–II	getopfte Unterlage
Corylus	*C. avellana*	K	I–II	
Cotoneaster	Stämme: *Sorbus aucuparia* *Crataegus monogyna*	K	XII–III	
Crataegus	*C. monogyna*	K, O	XII–III, VI–VIII	
Cydonia	*C. oblonga, Sorbus aucuparia*	K, O	XII–III, VI–VIII	
Diospyros kaki	*D. virginiana, D. lotus*	K, Ch	XII–II, VI–VIII	getopfte Unterlage
Eriobotrya japonica	*E. japonica, Cydonia oblonga*	K, Ch	XII–II, VI–VIII	getopfte Unterlage
Fagus	*F. sylvatica*	K, G	II–III, VI	
Feijoa	*F. sellowiana*	SE, Anpl.	V–VIII	getopfte Unterlage
Ficus carica	*F. carica*	O, Ch	IV–VI	getopfte Unterlage
Fortunella japonica	*Poncirus trifoliata*	K, G, Ch	III–VI	getopfte Unterlage
Fraxinus	*F. excelsior, F. ornus*	K, G, O	XII–II, VI–VII	
Gleditsia	*G. triacanthos*	O, K, G	VI, III–IV	
Hamamelis	*H. virginiana:*	K, G, SE	XII–III, VIII	getopfte Unterlage
Hedera helix	Stämme: × *Fatshedera lizei*	SE		getopfte Unterlage

Erklärung Veredlungsmethode:
Anpl. = Anplatten
Ch = Chipveredlung
G = Geißfuß
KmG = Kopulation mit Gegenzungen

Hibiscus	*H. syriacus*	K, G	III	
Ilex aquifolium	*I. aquifolium*	K, G	XII–II	getopfte Unterlage
Juglans regia	*J. regia, J. nigra*	KmG, Pl.O	I–III, VI–VII	getopfte Unterlage
Laburnum	*L. anagryoides*	K, O	II–III, VI–VIII	
Ligustrum	*L. ovalifolium, L. vulgare*	K	XII–III	getopfte Unterlage
Liriodendron	*L. tulipifera*	K, G	I–III	getopfte Unterlage
Malus	Sämlinge und Typen	K, O	XII–III, VI–VIII	
Magnolia	*M. kobus*	K, G, Anpl.	III, VII–VIII	getopfte Unterlage
Magnolia grandiflora	*M. grandiflora*	G, K	II–IV	getopfte Unterlage
Mespilus	*Crataegus monogyna* *Sorbus aucuparia*	K, O	XII–III, VI–VIII	
Morus	*M. alba (M. nigra)*	K, G, O, Ch	I–II, VI–VII	getopfte Unterlage
Olea	*O. europaea*	K, O	I–II, VI–VII	getopfte Unterlage
Parrotia	*Hamamelis virginiana*	K, G	I–II	getopfte Unterlage
Parthenocissus	*P. quinquefolia*	K, G, Sp.Pfr.	I–III	
Persea americana	*P. americana*	Sp.Pfr., KmG		getopfte Unterlage
Poncirus trifoliata	*P. trifoliata*	K, O, Ch	III–VI	getopfte Unterlage
Prunus (Mandeln, Pfirsiche)	*P. persica* u. a.	O	VII–VIII	
Prunus (Kirschen, Zier-)	*P. avium* u. a.	K, O	XII–II, VII–VIII	
Prunus (Steinkirschen)	*P. pumila* u. a.	K, O	XII–II, VII–VIII	
Prunus (Pflaumen)	*P. cerasifera* u. a.	K, O	XII–II, VII–VIII	
Prunus (Aprikose)	*P. armeniaca* u. a.	O	VII–VIII	
Ptelea	*P. trifoliata*	K, G	I–III	getopfte Unterlage
Pyrus	Sämlinge, *Cydonia oblonga*	K, O	XII–III, VI–VIII	
Rhododendron (immergrün)	*R. ponticum*	Anpl., K	I–III	getopfte Unterlage
Rhododendron (sommergrün)	*R. luteum*	SE, Anpl.	V–VI	getopfte Unterlage
Ribes	*R. aureum*	Anpl.	VII–VIII	
Robinia	*R. pseudoacacia*	Ri.Pfr.	IV	
Rosa	*R. canina, R. multiflora*	O	VII–VIII	
Salix caprea	*S. daphnoides*	K, G	XII–II	
Sorbus	*S. aucuparia, S. aria*	K, G, O	XII–II, VII–VIII	
Sorbus domestica	*Pyrus communis*	K, G, O	XII–II, VII–VIII	
Syringa	*S. vulgaris*	K, G, O	XII–II, VII–VIII	
Tilia	*T. platyphylla*	K, G, O	II–IV, VII–VIII	
Ulmus	*U. carpinifolia*	G, O	III–VIII	
Viburnum	*V. lantana*	Anpl.	I–II, VIII–IX	getopfte Unterlage
Vitis	amerik. Hybriden	KmG, Masch.	XII–II	
Ziziphus	*Z. jujuba*	K, Ch	XII–III	getopfte Unterlage

K = Kopulation
Masch. = Maschinenveredlung durch Omega- oder Lamellenschnitt
O = Okulation
Pl.O = Plattenokulation
Ri.Pfr. = Rindenpfropfen
SE = Seitliches Einspitzen
Sp.Pfr. = Spaltpfropfen

Veredlungsunterlagen

Nadelgehölze

Art/Sorte	Unterlage
Abies	*A. alba, A. nordmanniana* u. a.
Cedrus	*C. deodora*
Cephalotaxus	*Taxus baccata*
Chamaecyparis	*C. lawsonia*
Chamaecyparis nootkatensis	*Thuja orientalis*
Ginkgo	*G. biloba*
Juniperus	*J. communis, J. virginiana*
Larix	*L. decidua, L. kaempferi*
Picea	*P. abies*
Pinus (2nadelig)	*P. silvestris*
Pinus (3- und 5nadelig)	*P. strobus*
Pseudotsuga	*P. menziesii*
Taxus	*T. baccata*
Thuja	*T. occidentalis*
Tsuga	*T. canadensis*

Koniferen werden durch seitliches Anplatten bzw. Einspitzen überwiegend im Winter veredelt; gelegentlich auch im Sommer. Die Unterlagen sind getopft. Nichtaufgeführte Koniferen werden gewöhnlich auf Sämlinge der Art veredelt.

Unterlagen für Kübelpflanzen

In diesem Kapitel werden Veredlungsunterlagen für zumeist nicht winterharte Kübelpflanzen vorgestellt und beschrieben.
Fertige Pflanzen auf diesen Unterlagen können in geeigneten Gewächshäusern direkt in die Erde gepflanzt werden, dadurch wachsen die meisten Pflanzen kräftiger und bekommen eine größere Frosthärte. Manche Pflanzen, wie z. B. *Ficus carica* können bei winterlichen Schutzmaßnahmen (Abdecken mit Reisig oder Einpacken) erfolgreich auch direkt an geschützter Stelle im Freien ausgepflanzt und überwintert werden.

Citrusunterlagen

Beliebt ist das Einpflanzen von Kernen diverser im Handel befindlicher Citrusfrüchte, weil die Samen meist willig keimen und bei günstigem Standort vor einem Südost- oder Südwestfenster oder noch besser im Gewächshaus bzw. im Sommer im Freien ansprechende Grünpflanzen mit unterschiedlicher Blattform ergeben.
Wenn man hingegen nach einigen Jahren erwartet, daß die Pflanzen blühen und fruchten, ist die Enttäuschung oft groß: Weder Blüten und demzufolge auch keine Früchte wollen erscheinen.
Citrus-Kultursorten werden fast ausschließlich durch Veredeln auf geeignete Veredlungsunterlagen

vermehrt. Nur auf diese Art und Weise wird man nach verhältnismäßig kurzer Kulturzeit die gewünschten Sorten erstmals ernten können. Schwachwüchsige Veredlungsunterlagen wie *Poncirus trifoliata* können die aufveredelte Edelsorte bereits nach 2 Jahren zum Blühen bringen.
Die folgend aufgeführten Veredlungsunterlagen kann man selbst aus Samen käuflicher Früchte heranziehen.
Oft haben Botanische Gärten in entsprechenden Abteilungen Citruspflanzen in Kultur, von denen man vielleicht zur Reifezeit der Früchte eine Frucht vom Gärtner erhalten kann. Im Freigelände des Botanischen Gartens in Hamburg gedeiht schon seit vielen Jahren ein großes Exemplar von *Poncirus trifoliata,* das jedes Jahr sehr reich blüht und viele Früchte ansetzt, die nicht geerntet werden und nach der Reife abfallen. Aus diesen Früchten gewonnene Samen sind ideal zur Kultur schwachwüchsiger und ein frühes Fruchten der Edelsorte initiierender Pflanzen.

***Poncirus trifoliata* (Bittere Zitrone)**
Ältere Exemplare dieser Pflanze können ausgesprochen schöne Kübelpflanzen abgeben. Die Bittere Zitrone (auch Bitterorange genannt) oder Dreiblättrige Zitrone (syn. *Citrus triptera*) ist häufig winterhart, schwachwüchsig und hinsichtlich der Fruchtqualität der aufveredelten Sorte positiv zu beurteilen. Samen sind erhältlich bei manchen Samenversendern sowie durch eigene Ernte oder von botanischen Gärten.

Poncirus trifoliata (Bittere Zitrone)

***Citrus reticulata* (Mandarine)**
Auch Samen der Mandarine, insbesondere die der Sorte 'Cleopatra', ergeben mit der Edelsorte wüchsige, früh fruchtende Pflanzen, die eine gute Resistenz gegen verschiedene typische Citruskrankheiten (Kragenfäule, Tristeza u. a.) bewirken. Eine gewisse Kälteresistenz ist auch hier gegeben, jedoch ist sie nicht vergleichbar mit der der Unterlage *P. trifoliata.* Samen sind den im Handel erhältlichen Früchten zu entnehmen.

***Citrus aurantium* (Pomeranze)**
Zur Kultur von Stammformen, auch für Pflanzen in Kübelkultur, wird als Unterlage überwiegend die Pomeranze genommen wegen ihres kräftigen, geraden Wuchses.
Gelegentlich werden Pomeranzenfrüchte im späten Winter im Handel angeboten (auch als Bitterorangen).

***Citrus sinensis* (Apfelsine)** Die gewöhnliche Orange wird zwar in den Anbauländern der Citrusfrüchte kaum als Veredlungsunterlage genommen, sie eignet sich jedoch zur Anzucht stärker wüchsiger Pflanzen.

***Citrus jambhiri* (Rauhschalige Zitrone)** Die »Rough Lemon« ist eine beliebte Unterlage in den Citrusanbauländern rund um das Mittelmeer sowie in anderen geeigneten Lagen. Hier wird auch die positiv zu beurteilende Hybridenunterlage Citrange 'Troyer' verwendet sowie ferner verschiedene Limettensorten. Diese Unterlagen sind bei uns jedoch nicht erhältlich.
Im übrigen sind alle Samen bei uns erworbener Citrusfrüchte zur Anzucht von Pflanzen geeignet, die nach 1–3 Jahren als Veredlungsunterlage für Edelsorten mehr oder weniger gut brauchbar sind. Sollte jedoch die Möglichkeit bestehen, oben beschriebene Unterlagen zu erhalten, sind diese vorzuziehen.

Unterlagen für mediterrane Nutz- und Zierpflanzen
Viele mediterrane, subtropische und tropische Nutz- und Zierpflanzen können auch bei uns erfolgreich kultiviert werden, wenn sie entweder in einem geeigneten Haus, Wintergarten, Gewächs- oder Glashaus gedeihen können oder, wenn sie »mobil« gemacht werden, also durch Topfkultur in ausreichender Dimensionierung ortsveränderlich aufgestellt werden können. Die Anzucht dieser Pflanzen wird zumeist in speziellen Gärtnereien oder Baumschulen durchgeführt. Viele dieser Pflanzen, insbesondere die Nutzpflanzen, können jedoch auch vom interessierten Hobbygärtner durch Veredlung selbst vermehrt werden.
In der Tabelle sind bewährte Edelsorten-Unterlagenkombinationen aufgeführt. Die Unterlagen sind oft Wildgehölze derselben Art, die entweder aus käuflichen Samen selbst herangezogen werden oder von speziellen Baumschulen und Gärt-

Citrus sinensis (Apfelsinenbaum); die Kultursorten werden durch Veredlung vermehrt; Stecklingsanzucht ist unüblich.

nereien als preiswerte Jungpflanzen bezogen werden können.

Sonstige Unterlagen

Die in den Tabellen ab S. 40 aufgeführten Edelsorten-/Unterlagenkombinationen stellen eine Übersicht über die wichtigsten Laubgehölzkombinationen sowie die wichtigsten Veredlungspartner bei Kübelpflanzen und Koniferen dar. Andere, nicht aufgeführte Arten können im Bedarfsfalle zumeist auch durch Veredlung vermehrt werden, wenn ihre verwandtschaftliche Beziehung nur eng genug ist. Eine Erfordernis zur Veredlung kann zusätzlich dann gegeben sein, wenn nur wenig Edelsortenmaterial vorhanden ist oder eine andere Vermehrungsart z. B. durch Stecklinge oder Steckholz aus verschiedenen Gründen nicht durchführbar ist. Ebenso kann eine Veredlung bei Gemüsesorten zur Ertragssteigerung oder zur Ausschaltung von Pflanzenkrankheiten, wenn die Unterlage gegen diese resistent ist, empfehlenswert sein.
So ist die heute sehr beliebte Schlangengurke oft anfällig gegen die Gurkenwelkekrankheit *(Fusarium)*, die aber kann durch Veredeln der Pflanze auf den Feigenblattkürbis *(Cucurbita ficifolia)* verhindert werden. Auch tritt nach dieser Maßnahme ein üppigeres, kräftigeres Wachstum ein.
Aus Samen gezogene Melonenpflänzchen können auf den Wachskürbis *(Benincasa hispida*, syn. *Cucurbita hispida)* veredelt werden, wodurch auch sie üppiger und kräftiger gedeihen.

Vorbereitung zum Veredeln

Unterlagen

Bei sommerlichen **Augenveredlungen** wird die Unterlage nicht beschnitten, es wird lediglich der Bereich der beabsichtigten Veredlung von Schmutz- und Staubteilchen gesäubert; auch können hinderliche Triebe sorgsam entfernt werden. Sollte dem Zeitpunkt der Augenveredlung eine lange Trockenphase vorausgegangen sein, ist eine vorherige Wässerung der Unterlage dringend anzuraten, damit sich die Rinde bei dem Okulationsschnitt auch wirklich löst. Ist ein sicheres Lösen nicht gegeben, sollte zu dem Zeitpunkt auf das Okulieren verzichtet werden, weil sonst das Edelauge nicht anwächst. Auch mechanisch kann das Auge nicht hinter die Rinde geschoben werden. In den meisten Fällen hilft hier – sofern der Veredlungszeitpunkt sonst der richtige ist – ein weiteres kräftiges Wässern.

Auch bei anderen Veredlungsarten soll der Bereich der Veredlungsausführung gereinigt werden, damit keine Fremdkörper in die Wunde eindringen und den Veredlungserfolg oder die spätere mechanische Belastbarkeit mindern können.

Beim **Umveredeln** alter Obstbäume mit neuen, gesunden Sorten im Frühjahr oder Sommer muß schon im Winter bei geeignetem, frostfreien Wetter abgeworfen werden (starkes Zurückschneiden der Baumkrone). Allerdings sollten stets Zugäste stehen bleiben, damit ein An- und Weiterwachsen der aufveredelten Sorten auch sicher stattfindet. Die Schnittstellen müssen mit einem scharfen Messer, wie einer schweren Hippe, glattgeschnitten werden, damit das freigelegte Kambium die Möglichkeit hat, ohne selbst stark geschädigt worden zu sein, den freiliegenden Holzteil zu überwallen. Auch müssen die Schnittstellen mit einem guten Wundverschlußmittel verstrichen werden, um krankheitsauslösenden Pilzsporen und tierischen Schädlingen jegliche Angriffsmöglichkeiten zu verwehren. Dieser Schutzbelag schützt vor unnötiger Verdunstung, die ein Vertrocknen des Aststumpfes verursachen könnte.

Bei dringend erforderlichen Maßnahmen, z. B. nach Windbruch, müssen natürlich zu anderen Zeiten als in der winterlichen Ruheperiode Schnittmaßnahmen durchgeführt werden. Hier ist ein äußerst umsichtiges Arbeiten erforderlich, insbesondere muß die Kambiumschicht an den Schnittstellen sorgsam glattgeschnitten und geschont werden, wenn anschließend erfolgreich Umveredlungsmaßnahmen durchgeführt werden sollen.

Winterhandveredlungen werden im Winter mit nackter Wurzel »in der Hand« veredelt; sie müssen ebenfalls zur Veredlung vorbereitet werden. Es ist üblich, das vorhandene Wurzelwerk zurückzuschneiden, um später eine starke Faserwurzelbil-

dung zu veranlassen. Bei guter, kräftiger Bewurzelung kann gut die Hälfte weggeschnitten werden. Besonders dicke Wurzeln und Pfahlwurzeln werden kräftig zurückgenommen, wenn sie nicht bereits in der Unterlagenbaumschule unterschnitten wurden und sich von der Schnittstelle ausgehend feinere Wurzeln gebildet haben.
Besonders Sämlingsunterlagen wie *Prunus avium, Prunus cerasifera, Malus, Pyrus* und *Crataegus* machen dicke, tiefgehende Wurzeln, die kräftig zurückgeschnitten werden müssen, damit sich viele neue Faserwurzeln bilden, die dafür sorgen, daß später das Umpflanzen der Pflanze nicht schadet.
Aus diesem Grunde ist es ein wichtiges Qualitätsmerkmal einer Pflanze, wie oft sie verpflanzt wurde. Bei jedem Umsetzen werden insbesondere die kräftigen, dicken Wurzeln erneut zurückgeschnitten, was eine Förderung der Faserwurzelbildung bewirkt. Dadurch wird auch bei älteren Gehölzen ein sicheres Anwachsen nach dem Verpflanzen gewährleistet.
Junge Veredlungsunterlagen von *Malus* M 9, M 27, *Prunus avium* F 12/1, 'Colt', 'Pixi' u. a. haben auf Grund ihrer Vermehrungsmethode oft nur wenige oder sehr wenige Wurzeln. Diese Pflanzen sollten vorsichtig behandelt werden, die Wurzeln sind nur knapp anzuschneiden, damit sie zu kräftigem Wachsen angeregt werden.

Edelreiser

Die zur Veredlung vorgesehenen Edelreiser müssen grundsätzlich gesund und ausgereift sein und sich zum Zeitpunkt des Schnittes in absoluter Winterruhe befinden.
Im Laufe des Winters tritt bei vielen Gehölzen, wie der Gärtner sagt, ein »Saftsteigen« in den Pflanzen auf, wobei die Knospen beginnen, leicht anzuschwellen. Diese bis zum beginnenden Frühjahr stattfindende Wasserverschiebung tritt nicht nur bei den Gehölzen selbst auf, auch abgeschnittene, zum Veredeln vorgesehene Reiser werden hiervon betroffen. Nur besteht bei geschnittenen Edelreisern nicht die Möglichkeit, diesen aufsteigenden Saft durch Zufuhr aus dem Wurzelbereich zu ersetzen, vielmehr trocknet das Reis durch diese Wasserverschiebung langsam ein.
Das Wasser steigt sowohl nach oben als auch nach außen. Zuerst wird also die Basis des Veredlungsreises trocken, zum Schluß die im oberen Bereich schwellenden und zum Teil auch austreibenden Knospen.
Darum wird davon abgeraten, bereits treibende Reiser auf Unterlagen zu veredeln, die sich noch in Winterruhe befinden. Leichtestes Austreiben des Edelreises kann schon bedeuten, daß der untere Bereich des Reises trocken und damit außerstande ist, Kallusgewebe und anschließend Parenchymbrücken zu

Vorbereitung zum Veredeln

Nichtangewachsene Veredlung auf *Poncirus trifoliata;* das Edelreis ist vertrocknet, die Unterlage treibt aus.

bilden. Demzufolge ist der Mißerfolg einer solchen Veredlung kaum zu verhindern.
Ist ein später Schnitt von Edelreisern unumgänglich, so ist eine dunkle, kühle Aufbewahrung bei hoher relativer Luftfeuchtigkeit die einzige Möglichkeit, die Reiser eine längere Zeit aufzubewahren. Die kühle Lagerung bewirkt ein Unterbrechen der sonst stattfindenden Wasserverschiebungen, die Reiser bleiben weiterhin in »künstlicher Winterruhe«. Ebenso beugt die hohe Luftfeuchtigkeit einer Verdunstung vor. Baumschulen und Gartenbaubetriebe haben für solche Zwecke oft spezielle Kühlhäuser oder Kühlzellen, in denen die erforderlichen Bedingungen erzeugt werden können. Wichtig hierbei ist auch eine ausreichende Belüftung, um einem sonst leicht auftretenden Befall mit Schimmelpilzen vorzubeugen.
Sofern keine Kühlzelle zur Verfügung steht, kann man sich auch durch die Lagerung der Reiser im unteren Fach des Kühlschrankes behelfen. Hierzu werden die fertigen Reiser in etwa 30 cm lange Stücke geschnitten und mit erdfeuchtem Torf oder Sand in eine Polyethylen-Plastiktüte gegeben, die anschließend durch einen Clip verschlossen wird. Außerdem sollte die Innentemperatur des Kühlschrankes so eingestellt werden, daß das Thermometer im unteren Fach etwa +1 °C bis 2 °C anzeigt.
Dennoch kommt man nicht umhin, in Abständen von etwa 1–2 Wochen den Inhalt der PE-Tüten auf eventuellen Pilzbefall zu kontrollieren. Auch kann dem Torf bzw. Sand ein Fungizid zugesetzt werden, das das Schimmeln verhindert. Ausdrücklich empfohlen werden soll das jedoch nicht, weil ein eventueller Einfluß auf das spätere Anwachsen der Veredlung nicht ausgeschlossen werden kann.
Eine weitere mögliche Lagerung der Edelreiser besteht im Einschlagen in reinen Sand an einer kühlen, schattigen Stelle.

Auch wird gelegentlich empfohlen, Edelreiser durch Eingraben aufzubewahren. Das ist zwar grundsätzlich möglich, sei jedoch nicht angeraten, wenn andere Möglichkeiten gegeben sind. Eingegrabene Reiser sind dem Wühlmausfraß sowie Würmern und anderem Getier ausgesetzt, sie sollten daher zuvor in einen Plastikbeutel gelegt werden.
Edelreiser für die sommerliche Okulation sollen im selben Jahr gewachsen, kräftig und gesund sein. Die besten zur Veredlung benützbaren Augen befinden sich im mittleren Teil der diesjährigen Triebe. Um eine zu große Verdunstung und somit eine Schwächung der Reiser und Augen zu verhindern, werden die Blätter soweit abgeschnitten, daß nur der Blattstiel stehenbleibt. Anschließend gleich veredeln.
Für eine kurze Zeit (wenige Tage) können die so vorbereiteten Reiser auch in einem Wasserbehälter gelagert werden. Hierbei sollten nicht die ganzen Edelreiser ins Wasser gestellt werden, sondern nur der untere Bereich; so, wie man Blumen in eine Vase stellt.

Das Vorbereiten der Edelreiser und Augen

Vor dem Veredeln werden die Reiser für diesen Zweck vorbereitet. Kühlgelagerte Reiser werden für winterliche Veredlungsmethoden auf ihre Tauglichkeit geprüft, indem am unteren Teil des Reisers die Rinde leicht angeschnitten wird. Ist der darunter liegende Bereich kräftig grün, kann von einer erfolgreichen Lagerung ausgegangen werden. Außerdem werden die Augen auf ein eventuelles Schwellen oder Austreiben überprüft. Befinden sich die Augen nicht mehr in Winterruhe, so hat bereits eine Saftverschiebung eingesetzt und der spätere Veredlungserfolg ist erheblich eingeschränkt. Besonders Pfirsich- und Aprikosenreiser werden kaum noch anwachsen, ebenso ist die Veredlung angetriebener Kirschenreiser sehr problematisch.
Reiser für sommerliche Okulationen werden kurz vor der Verwendung geschnitten und sogleich mit dem Messer entblättert oder auf Blattstiel geschnitten.
Kühl gelagerte, zuvor geschnittene Reiser dürfen noch keine Welkerscheinungen aufweisen.
Reiser von Koniferen sollen erst kurz vor der beabsichtigten Veredlung (Einspitzen, Anplatten) geschnitten und die Nadeln im Veredlungsbereich vorsichtig entfernt werden. Als Veredlungsreiser kommen nur solche in Frage, die von Spitzentrieben geschnitten wurden und neben einer gut ausgebildeten Endknospe mindestens 3–4 daruntersitzende Knospen haben, damit die Veredlungen später nicht schief oder krumm wachsen.
Veredlungsreiser ungenügender Qualität sollte man nicht verwenden, weil der daraus entstehende Baum nie befriedigen wird.

Die gebräuchlichsten Veredlungsmethoden

In diesem Kapitel werden die bei uns üblichen Veredlungsarten und -methoden beschrieben und erklärt, um damit sowohl dem Gärtner wie auch dem »Hobbyveredler« die Möglichkeit zu geben, erfolgreich selbst Pflanzen sortenecht vermehren zu können.
Die gängigsten und einfachsten Methoden werden als solche herausgestellt und sollten diejenigen sein, an denen man sich zuerst versucht. Danach, gestärkt durch erste Erfolgserlebnisse, kann man auch weitere, schwierigere Methoden erlernen.

Veredeln mit Edelreisern

Grundsätzlich können zwei Arten der Veredlung unterschieden werden, zum ersten die Veredlung mit Reisern, also mit Triebstücken, die ein oder mehrere Augen (Knospen) haben. Diese Veredlungsart wird überwiegend mit Reisern durchgeführt, die sich noch in Winterruhe befinden und noch über alle zum späteren Anwachsen erforderlichen Reservestoffe verfügen.
Die andere Art der Veredlung wird unter Verwendung nur eines Auges durchgeführt. Hierbei wird ein Auge (Knospe) der Edelsorte auf die Unterlage veredelt; es wird sehr schnell anwachsen und am Stoffaustausch der Unterlage teilhaben. Weiterhin werden u. a. im Gemüsebau Veredlungen mit krautartigen Veredlungspartnern durchgeführt.

Die Kopulation
Die Veredlung durch Kopulation wird vornehmlich im Winter und im Frühjahr durchgeführt. Die meisten Gehölze einschließlich holziger Zier- und Kübelpflanzen lassen sich auf diese Art vermehren. Viele andere Veredlungsverfahren bauen auf die bei der Kopulation erforderlichen Schnitte auf, so daß die Beherrschung der einfachen Kopulation für das Verständnis und die Durchführung anderer Veredlungsmaßnahmen wichtig ist.
Ein typisches Merkmal der Kopulation besteht darin, daß Edelreiser verwendet werden, die sich noch in winterlicher Ruhe befinden. (Ausnahmen bestätigen auch hier die Regel.) Unabhängig vom Zeitpunkt der Veredlung, dürfen die Reiser – insbesondere die des Steinobstes – noch nicht angetrieben sein.
Findet die Veredlung »in der Hand« statt – die Unterlage einschließlich der nackten Wurzel wird in die Hand genommen –, muß sich auch die Pflanze in Winterruhe befinden. Es gibt auch Veredlungszeitpunkte, an denen die Kopulation bei austreibender oder schon kräftig wachsender Unterlage durchgeführt werden kann.
Auch hier sollte sich die Edelsorte noch in ruhendem Zustand befin-

◁ Birnbaum in Blüte

den, weil nach Austrieb der Knospen, besonders wieder die des Steinobstes, sich kaum noch Überwallungsgewebe aus dem Kambium bildet, womit eine Veredlung mißlingen muß.
Das richtige Anschneiden der Triebe der Veredlungspartner ist wichtig, um ein Verwachsen zu gewährleisten. Die Schnittflächen müssen plan sein, die Schnittlänge muß ausreichend lang sein, etwa 3–6 cm, was abhängig ist vom Durchmesser der Edelreiser. Die etwa 4–8fache Länge des Durchmessers der Veredlungspartner sei als grober Richtwert gegeben. Dieser Richtwert kann schwanken, weil besondere Ausformungen der Knospen manchmal einen längeren Schnitt erforderlich machen. Kürzere Schnitte ergeben dann keine langelliptische, sondern oft nur eine elliptisch-verbeulte Schnittfläche. Besonders bei manchen Pflaumen- und Birnensorten ist die Ausbeulung der Schnittfläche bei sonst normaler Kopulationsschnittlänge deutlich ausgeprägt.

Zur Ausführung der Schnitte sind besonders folgende Punkte zu beachten:

1. Der Schnitt muß plan ausgeführt sein.
2. Der Schnitt muß eine ausreichende Länge haben, als Richtwert sei die 4–8fache Länge der Veredlungspartnerdurchmesser genannt.
3. Die Kambiumschichten müssen sich im gesamten Bereich der elliptischen Schnittfläche dekken, darum sind gleichstarke Kopulationspartner erforderlich.
4. Die Schnittflächen sollen gleichgroß sein. Ein kleiner freier Holzteil am oberen Teil der Schnittfläche des Edelreises kann hingenommen werden, weil er vom Kambiumgewebe überwallt wird und so zu einem festen Verwachsen beitragen kann.
5. Zur Förderung des Verwachsens muß der Schnittfläche an der Unterlage sowie an dem Edelreis ein Auge gegenüberliegen, möglichst im jeweils oberen Bereich (zur Schnittspitze).

Zu Punkt 1 Erforderlich ist ein absolut planer Schnitt beider Veredlungspartner, damit weder Lufteinschlüsse noch Unebenheiten einem Verwachsen entgegenstehen. Die Schnittlänge muß an Reis und Unterlage gleich lang sein, dadurch decken sich bei gleichem Durchmesser der Veredlungspartner nach deren Zusammenfügen die Kambiumschichten, die zum Zusammenwachsen nötig sind. Das Veredlungsmesser wird hierfür möglichst parallel zum anzuschneidenden Reis angesetzt und langsam, aber ohne abzusetzen, durchgezogen. Bei winkligem bis rechtwinkligem Ansetzen des Messers ist zwar

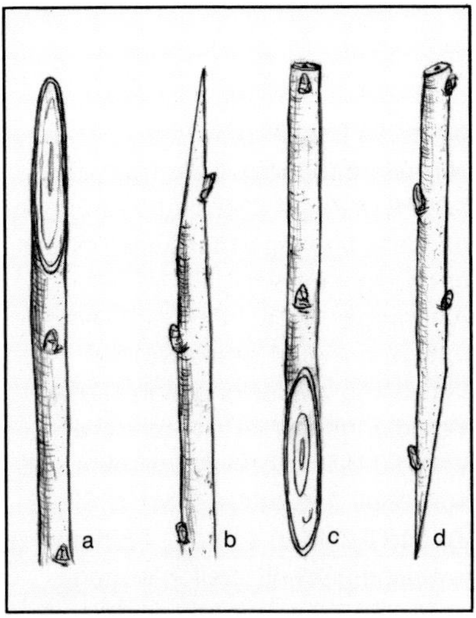

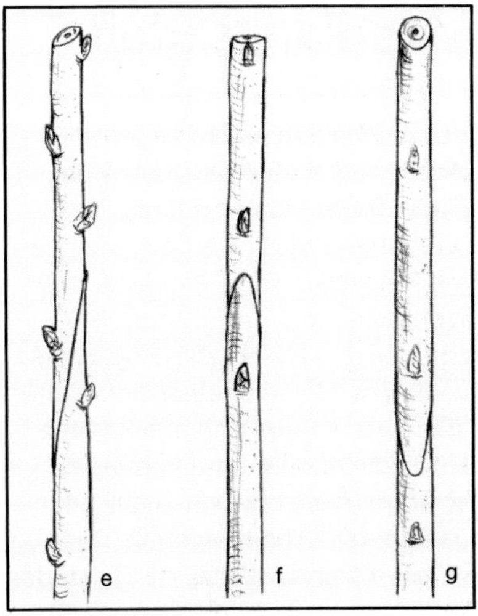

a: Kopulationsschnitt an der Unterlage
b: Derselbe von der Seite
c: Kopulationsschnitt am Edelreis
d: Derselbe von der Seite

e: Zusammengefügte Kopulation von der Seite
f: Dieselbe von vorne (v)
g: Von hinten (h)

Weitere Möglichkeiten des Zusammenfügens:
h: Kopulationsschnitt am Edelreis etwas länger als an der Unterlage; die Pfeile zeigen die Wickelrichtung des Verbandes
i: Edelreis wenig dünner als Unterlage, linksbündig angelegt
j: Bei rechtsbündigem Anlegen entgegengesetzt wickeln

k: Fertig verbundene Kopulation, festgelegt mit je einem »halben Schlag«
l: Fertig verbundene und mit Baumwachs verstrichene Kopulation einschließlich der oberen Schnittstelle am Edelreis

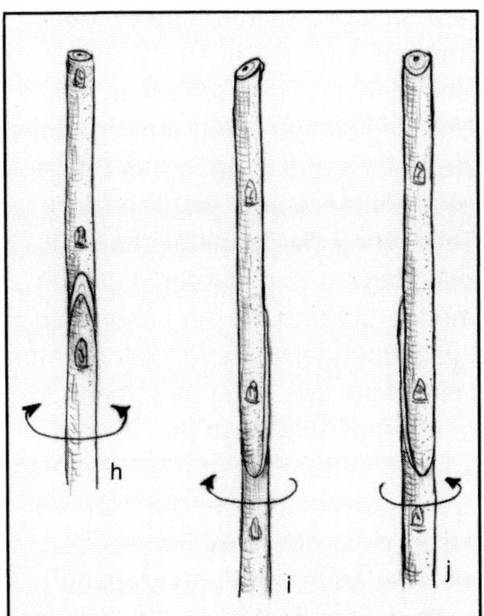

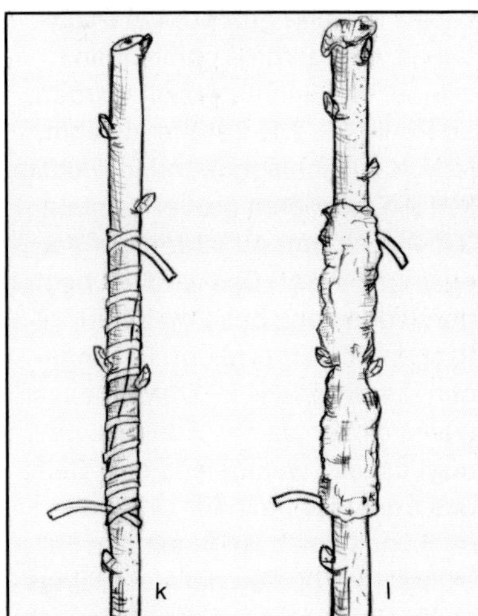

das Schneiden einfacher, es wird jedoch fast nie der erforderliche plane, gleichmäßige Schnitt erzielt. Empfehlenswert ist es, an geeigneten Reisern, z. B. an Liguster- oder Weidentrieben, die Schnittführung zu üben, bis akzeptable Ergebnisse vorliegen. Man sollte nämlich nicht durch stets neue Schnittversuche am Edelreis oder der Unterlage solange üben, bis sich zufällig ein geeigneter Schnitt einstellt. Dann passiert es häufig, daß der Trieb der Unterlage nach unten hin im Durchmesser zunimmt, während das Edelreis immer dünner wird. So ist schließlich kein ausreichender Kambiumkontakt nach dem Zusammenfügen mehr möglich.

Zu Punkt 2 Es genügt nicht, beide Veredlungspartner sauber zu durchtrennen und sie anschließend passend zusammenzufügen. Es muß zusätzlich eine größere Verwachsungszone durch einen langen, elliptischen Schnitt erzielt werden.

Zu Punkt 3 Wie bereits erwähnt, ist von ausschlaggebender Wichtigkeit ein möglichst großer Kontakt der Wachstumsschichten der Veredlungspartner. Das wird am besten durch den oben beschriebenen elliptischen Schnitt erreicht. Ist hingegen die Unterlage im Durchmesser wenig dicker als das Edelreis, genügt es, daß wenigstens eine Seite des Edelreises mit der Unterlage deckungsgleich ist. In diesem Fall ist beim Verbinden der Veredlungsstelle besonders auf die Wickelrichtung des Bastes bzw. des Gummiveredlungsbandes zu achten. Bei falschem Zusammenbinden können die Veredlungspartner auseinandergedrückt werden.

Allerdings sei dem Anfänger empfohlen, bei einer gewünschten Veredlung zweier ungleich starker Veredlungspartner eine andere Veredlungsmethode zu wählen, z. B. seitliches Anplatten, siehe S. 57

Zu den Punkten 4 und 5 Ein den jeweiligen Schnittstellen gegenüberliegendes Auge fördert das Anwachsen beider Veredlungspartner, weil gerade im Bereich der Knospen Reservestoffe gelagert sind, die die Bildung von Überwallungsgewebe fördern. Wird der Veredlungsschnitt bei Pflanzen mit langen Internodien (Zwischenräumen zwischen den Augen) nicht gegenüber einem Auge ausgeführt, vertrocknen oft sowohl Unterlage als auch Edelreis.

Nachdem nun der Schnitt an der Unterlage in der Hand durchgeführt worden ist und ebenso das Edelreis geschnitten wurde, werden beide Teile, ohne die Schnittflächen mit den Fingern zu berühren, zusammengefügt und mit der linken Hand zusammengehalten. Mit der rechten Hand wird, von oben beginnend, der vorher auf Länge (ca. 30 cm) zugeschnittene Bastfaden oder das Gummiveredlungsband um die Veredlungspartner gewickelt, wobei sich die erste Wicklung kreuzen muß, um ein Festlegen des Bandes

Kopulation

1 Kopulationsschnitt-Ansatz
2 Fertiger Kopulationsschnitt
3 Unterlage und Edelreis zurechtgeschnitten
4 Verbinden der Kopulation
5 Verstreichen der gepflanzten Veredlung

4

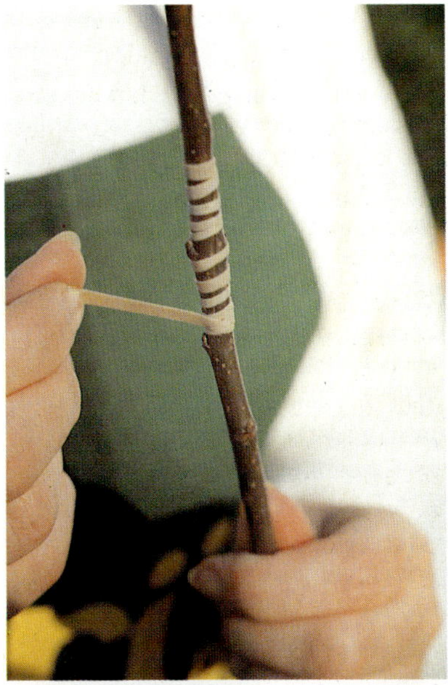

1

2

3

5

zu gewährleisten. Die letzte Wicklung wird durch einen »halben Schlag« festgelegt, indem man durch die letzte Wicklung das Ende des Veredlungsgummis zieht.
Bei Benutzung von Bast sind zum Festlegen 2 halbe Schläge erforderlich.
Das Umwickeln sollte mäßig stramm erfolgen, um einerseits ein Verschieben der Gehölze nach und während des Verbindens zu verhindern, andererseits aber auch nicht die Rinde einzuschnüren. Zu diesem Zwecke sind die Veredlungsgummistreifen besonders gut geeignet, die in verschiedenen Breiten und Längen angeboten werden und ein optimales Verwachsen gewährleisten. Diese Veredlungsgummis haben auch den Vorteil, daß sie sich durch die im normalen Lichtspektrum enthaltenen Ultraviolettstrahlen in ausreichender Zeit zersetzen, und bei zunehmender Dicke des veredelten Gehölzes zerreißen. Hierdurch spart man die Arbeit, wie sie bei Verwendung von Bast erforderlich ist, nach erfolgtem Verwachsen und Zunahme der Dicke, das Veredlungsband durch einen Schnitt zu durchtrennen.
Allerdings sollte man nicht versäumen zu kontrollieren, ob die Veredlungsgummis auch tatsächlich zerrissen sind, da sie andernfalls natürlich ebenso einschnüren.
Weiterhin sollten Veredlungsgummis beim Verwenden nicht bis an ihre Grenze gedehnt werden, dieses kann sowohl das Zersetzen ungünstig beeinflussen als auch zu Rindenschäden und Einschnürungen führen. Und letztlich darf man zum Verstreichen der Veredlungsstelle kein dunkel gefärbtes Baumwachs verwenden, weil die UV-Strahlung dadurch absorbiert wird und ein Verwittern des Gummiveredlungsbandes somit nicht stattfindet. Geeignet sind durchscheinende kalt- oder warmflüssige Baum- bzw. Veredlungswachse.
Die Veredlungshöhe an der Unterlage kann gewählt werden; sie wird mitbestimmt von dem Veredlungsverfahren und dem Durchmesser der Unterlage und des Edelreises.
Bei Handveredlungen ist es bei den meisten Obstarten üblich, in 10 bis 20 cm Höhe über dem Wurzelstock zu veredeln, Hochstamm- und Kronenveredlungen siehe S. 97. Die Edelreiser sollten etwa 3–4 Augen aufweisen, bei Kronenveredlungen können auch 4–6 Augen aufgesetzt werden, wodurch im ersten Jahr bereits eine kleine Krone entsteht.
Kopulationsveredlungen auf eingewurzelte Unterlagen oder zum Umveredeln bestehender Obstbäume werden ebenso durchgeführt wie oben beschrieben. Weil hier jedoch die Unterlagen nicht in die Hand genommen werden können, muß der Veredler eine Position einnehmen, die es ihm ermöglicht, den erforderlichen Schnitt an der gewünschten Stelle auszuführen. Dieses kann gewisse Schwierigkeiten verursachen,

weshalb ein Umveredeln älterer Obstgehölze in manchen Fällen dem Nichtgeübten abzuraten ist. Nach der Durchführung der Kopulation und dem Verbinden der Veredlungspartner ist mit einem guten Baumwachs der gesamte Bereich der Veredlung zu verstreichen, ebenso weitere Schnittstellen sowie die Spitze des Edelreises. Die beiden der Kopulation gegenüberliegenden Augen sollen freigelassen werden.

Anschäften und Anplatten

Ein geeignetes Verfahren, Kombinationen aus Unterlage und Edelreis erfolgreich herzustellen, wenn die Unterlage einen größeren Durchmesser hat als das Edelreis, ist das Anschäften.

Häufig wird gesagt, wenn die Unterlage dicker sei als die Edelsorte, genüge es bei der Veredlung durch Kopulation, wenn wenigstens eine Seite der angeschnittenen Kambien sich überlappten. Bessere Ergebnisse werden mit der Methode des Anschäftens gemacht, weil hierbei eine weit größere Fläche des Kambiums der Unterlage mit der der Edelsorte in innigen Kontakt tritt und somit eine größere Verwachsungszone bildet. Sind diese Voraussetzungen erfüllt, kann erfolgreich angeschäftet werden.

Diese Methode ist der zuvor beschriebenen Kopulationsmethode sehr ähnlich und ebenfalls auch für den Neuling geeignet.

Voraussetzung für ein gutes Gelingen des Anschäftens sind:

1. Die Unterlage sollte nicht sehr viel dicker sein als das Edelreis; Durchmesserverhältnis Edelsorte zu Unterlage bis zu 1:2.
2. Die zur Veredlung vorgesehenen einjährigen Edelreiser und die Veredlungsunterlage dürfen nicht übermäßig krumm gewachsen sein.

Zuerst wird die Unterlage bis etwa 0,5 cm über der Stelle, an der veredelt werden soll, abgeworfen.

a: Schnitt an der Unterlage
b: Kopulationsschnitt am auf Länge zugeschnittenen Edelreis
c: Edelreis und Unterlage liegen zusammen, Wickelrichtung durch Pfeil angegeben
d: Rückseite der Veredlungsstelle

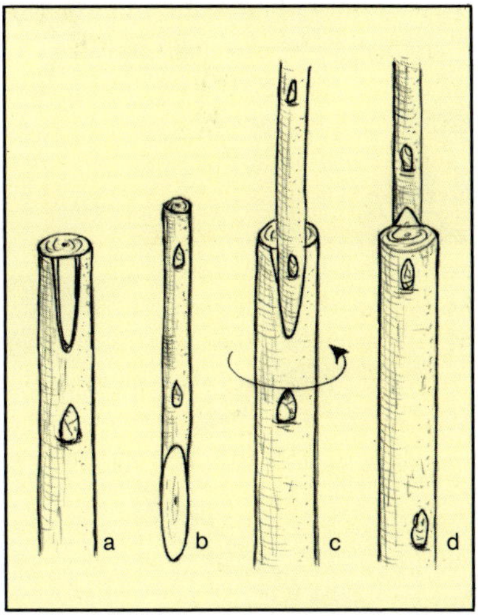

Veredlungsarten

1

5

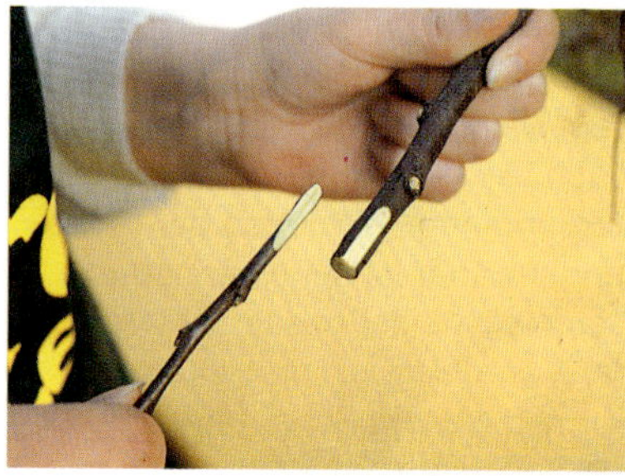

2

6

3

7

4

1 Abwerfen der Unterlage
2 Nachschneiden der Unterlage
3 Schnitt an der Unterlage
4 Fertig geschnittene Unterlage
5 Unterlage und Edelreis zurechtgeschnitten
6 Verbundene Veredlung
7 Fertig verstrichene Anschäftung

Hierzu nimmt man eine gute, scharfe Gartenschere, um keine breiten Quetschwunden am Holz zu bewirken. Dennoch ist ein geringes Quetschen der Unterlage nicht auszuschließen, daher wird mit einem scharfen Gartenmesser oder einer Hippe der obere Teil nochmals glattgeschnitten, wobei weitere 0,5 cm entfernt werden.
Aus den bereits im vorigen Abschnitt angeführten Gründen sollte man die Schnittstelle an der Unterlage so wählen, daß der Veredlungsstelle ein Auge gegenübersteht. Hierdurch wird das Anwachsen gefördert.
Jetzt wird an der Unterlage ein Kopulationsschnitt ausgeführt, der oft aber nur einige Millimeter ins Holz gehen darf. Die Tiefe dieses Schnittes ist abhängig von dem Durchmesser des Veredlungsreises (siehe Zeichnung S. 53). Anschließend wird, wie beschrieben, am Edelreis der Kopulationsschnitt vorgenommen.
Ist zuvor an geeignetem Holz geübt worden, wird das Abschätzen, wie tief in die Unterlage geschnitten werden muß, um das mit dem Kopulationsschnitt versehene Edelreis sauber deckend daraufzubringen, keine große Schwierigkeit mehr sein. Dem Ungeübten wird es dennoch leicht passieren, daß der Kopulationsschnitt an der Unterlage kurz vor der Abschnittstelle breiter ist als der Kopulationsschnitt des angelegten Edelreises an dieser Stelle. Das liegt an den unterschiedlichen Durchmessern der zu verbindenden Partner. Allerdings kann dieser verbreiterte Schnitt an jener Stelle vermieden werden durch geschickte Schnittführung, wobei eine leichte, absolut glatte Wölbung mit dem Veredlungsmesser geschnitten wird. Durch kräftiges Festbinden des Edelreises (es darf in diesem Falle nicht zu dick und hart sein) paßt es sich der leichten Wölbung an und kann, beidseitig mit Kambiumkontakt an der Unterlage, gut an- und weiterwachsen.
Ansonsten ist es nicht zu umgehen, im oberen Bereich der Veredlungsstelle das Edelreis nur an einer Seite bündig anzulegen.
Der Kopulationsschnitt am Edelreis muß einige Millimeter über dem abgeschnittenen Ende der Unterlage herausragen, weil sich dort bevorzugt Wundgewebe bildet, was zu einem besonders guten Verwachsen der Veredlungspartner führt.
Die Veredlungskombination wird nun, ebenso wie bei der Kopulation, mit Bast oder Gummiveredlungsband von oben mit einem »halben Schlag« beginnend nach unten verbunden. Hierbei wird man merken, daß es ungünstig ist, wenn das an der Unterlage belassene Auge zu hoch steht, weil dann im oberen Bereich schlecht verbunden werden kann.
Auch wenn zum Anschäften die Methode gewählt wurde, die ein leichtes Biegen des Edelreises erforder-

lich macht, sollte das Verbinden mit Gummiveredlungsband ausreichen. Wird Bast genommen, muß der Verband mit mindestens 2 halben Schlägen festgelegt werden.
Nach dem Verbinden muß der Veredlungsbereich sorgfältig mit Baumwachs verstrichen werden, ebenso der abgeschnittene Zapfen der Unterlage sowie der über die Veredlungsstelle herausragende angeschnittene Teil des Edelreises und dessen oberer, abgeschnittener Bereich.
Freigelassen werden sollten die sich an der Veredlungsstelle befindlichen Augen des Edelreises und der Unterlage.
Anplatten Auch hier wird auf die dickere Veredlungsunterlage das dünnere Reis der Edelsorte mit etwa 3–4 Augen angebracht. Diese Veredlungsmethode wird bei Johannis- und Stachelbeerveredlungen, Obst- und Ziergehölzen angewandt sowie bei der Veredlung von Koniferen. Auch bei der Vermehrung von Citrussorten auf selbstgezogene Sämlinge ist dieses Verfahren geeignet. In die Veredlungsunterlage wird an der gewünschten Stelle ein stumpfwinkliger, bis in das Holz gehender Schnitt angebracht, der eine Tiefe von einigen Millimetern haben sollte (abhängig von der Dicke der Unterlage). 2–4 cm darüber wird, schräg zum Ende des ersten Schnittes, ein weiterer Schnitt

a: Schnittführung an der Unterlage, von der Seite gesehen; b: dieselbe von vorne; c: Edelreis auf Länge geschnitten, von der Seite; d: zugeschnittenes Edelreis von vorne (v); e: dasselbe von hinten (h); f: fertige Veredlung (ohne Verband und Wachs).

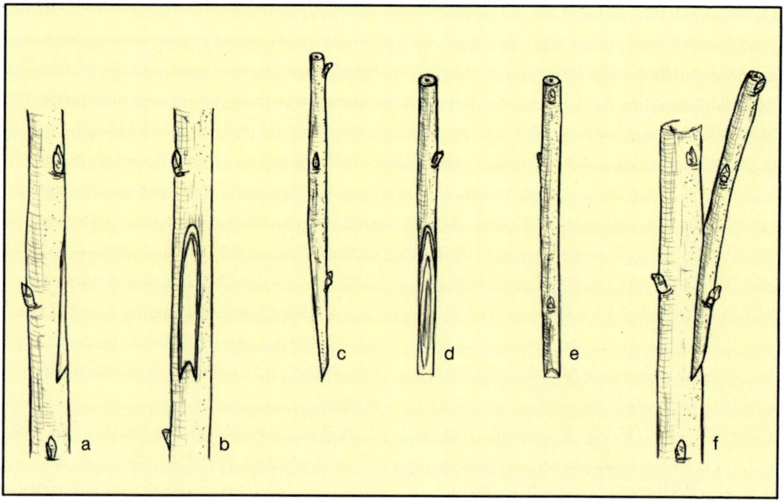

angebracht, wodurch ein Span entsteht, der der Unterlage entnommen wird.
Nunmehr wird an dem Edelreis ein Kopulationsschnitt vorgenommen, der etwas länger als die Länge des entnommenen Spanes sein soll.
Das untere Ende dieses Kopulationsschnittes wird stumpfwinklig weggeschnitten. Die Breite des Schnittes an der Unterlage sollte der Breite des Schnittes des Edelreises entsprechen. Ist dieses nicht ganz gelungen, genügt es, wenn sich die Kambiumflächen nach dem Einsetzen des Edelreises in die Auskerbung der Unterlage auf einer Seite decken.
Anschließend wird mit Bast oder Gummiveredlungsband verbunden und sorgfältig mit Baumwachs verstrichen. Alle weiteren Schnittstellen, wie die eventuell abgeschnittener Triebe sowie der Spitze des Edelreises, werden selbstverständlich ebenfalls verstrichen.
Der über der Veredlungsstelle verbleibende Teil der Unterlage nach der sommerlichen Veredlung von Johannis- und Stachelbeeren mit diesjährigen Reisern wird im folgenden Winter auf etwa 10 cm zurückgenommen und in der nächsten Vegetationsperiode ganz entfernt.

1

2

3

4

1 Schnitt an der Unterlage zum Anplatten

2 Zuschneiden des Edelreises

3 Unterlage und Edelreis zurechtgeschnitten

4 Verbundene und verstrichene Veredlung durch Anplatten

»Verbesserte« Kopulation mit Gegenzungen

Diese Fortentwicklung der einfachen Kopulation bringt zwei wesentliche Verbesserungen:

1. Die Überlappungszone der Kambiumschichten ist erheblich vergrößert.
2. Die Verbindung erfährt durch das Zusammenstecken der Veredlungspartner eine erhöhte Festigkeit.

Nachteil: Der Zeitaufwand ist größer, die Anbringung der Einkerbung kann manchmal schwierig sein, das Zusammenschieben der Veredlungspartner muß vorsichtig erfolgen, damit die Rinde nicht abgehoben oder beschädigt wird.

Wie bei der Kopulationsmethode werden vorerst sowohl die Unterlage wie auch das Edelreis vorbereitet und mit den Kopulationsschnitten versehen. Anschließend wird im unteren Drittel der Schnittfläche des Edelreises eine schräggeschnittene Einkerbung bis etwa zum Anfang des Kopulationsschnittes durchgeführt. An der Unterlage beginnt der entsprechende Schnitt im oberen Drittel der bestehenden Schnittfläche, ebenso ausgeführt bis zum Anfang des Kopulationsschnittes. Nunmehr werden beide Veredlungspartner zusammengesteckt, wobei in der Mitte dieser Veredlung eine leichte Wölbung nach außen entsteht.

Damit trotz dieser Wölbung dennoch eine innige Verbindung ohne Lufteinschluß entstehen kann, werden die zusätzlichen Schnitte etwas länger ausgeführt, als sie »rechnerisch« eigentlich erforderlich wären. Das anschließende Verbinden dieser Veredlung ist bei sachgemäßer Durchführung erheblich vereinfacht, weil die Veredlungspartner durch die Verkeilung ohne zusätzliches Zusammendrücken halten. Das Verbinden mit Bast oder Gummiveredlungsband erfolgt ebenso wie bei der einfachen Kopulation von oben nach unten, anschließend mit Baumwachs den Veredlungsbereich und alle Schnittstellen einschließlich des oberen Endes des Edelreises verstreichen.

Durch diese recht einfache Veredlungsmethode wird ein großer kambialer Gewebebereich beider Veredlungspartner zusammengebracht bei zusätzlicher mechanischer Festigkeit. Bei sachgerechter Durchführung gelingt diese Methode oft bei Veredlungen besser, deren Erfolgsquoten sonst nicht so hoch liegen. Gute Erfolge wurden neben der Veredlung von heimischen Obstgehölzen auch bei Walnuß und Kübelpflanzen wie *Citrus* und *Olea* erzielt.

Umveredlungen oder Aufveredeln zusätzlicher Sorten an jungen Obstbäumen wird erleichtert, weil auch bei ungünstiger Lage der Veredlungsstelle das Arbeiten durch das Festklemmen des Edelreises an der Unterlage erheblich vereinfacht wird.

Seitliches Einspitzen

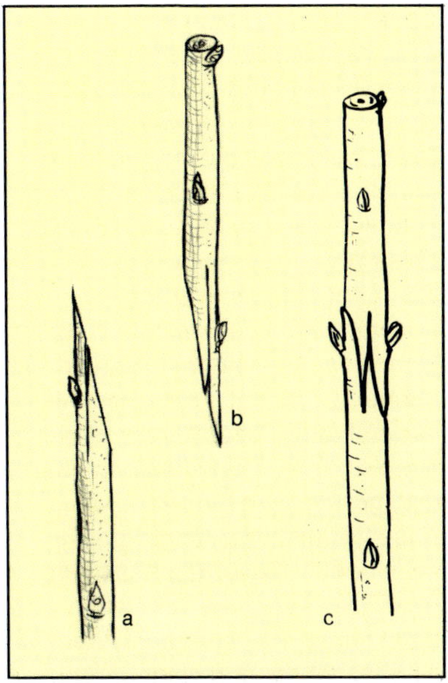

a: Unterlage mit Kopulationsschnitt und Gegenzunge, von der Seite gesehen
b: Edelreis, auf Länge geschnitten, mit Kopulationsschnitt und Gegenzunge, von der Seite gesehen
c: Fertige Veredlung, unverbunden und ohne Wachsanstrich

1

2

Oben: Kopulation mit Gegenzungen, Schnitt an der Unterlage
Unten: Zusammenschieben beider Veredlungspartner

Seitliches Einspitzen

Das seitliche Einspitzen als Veredlungsmethode kann vielseitig angewandt werden. Vorwiegend wird es benutzt, um sehr viel dünnere Edelreiser in kräftige Unterlagen aufzunehmen, um immergrüne Pflanzen und Nadelgehölze zu vermehren und um Wunden an Stämmen und Ästen zu überbrücken.

Die Veredlung von immergrünen Gehölzen sowie die von empfindlichen, schwierig verwachsenden Veredlungspartnern können oft mit gutem Erfolg durch diese Methode ausgeführt werden.

Das seitliche Einspitzen erfolgt nicht in der Winterruhe der Pflanzen wie bei der Reiserveredlung durch Kopulation, vielmehr stehen die Pflanzen bei Durchführung dieser Methode »in Saft«.

Zur Ausführung wird die Unterlage etwa 3 cm lang senkrecht eingeschnitten und am oberen Ende mit einem Querschnitt versehen. Hierdurch entsteht ein langer T-Schnitt in der Rinde der Unterlage, deren

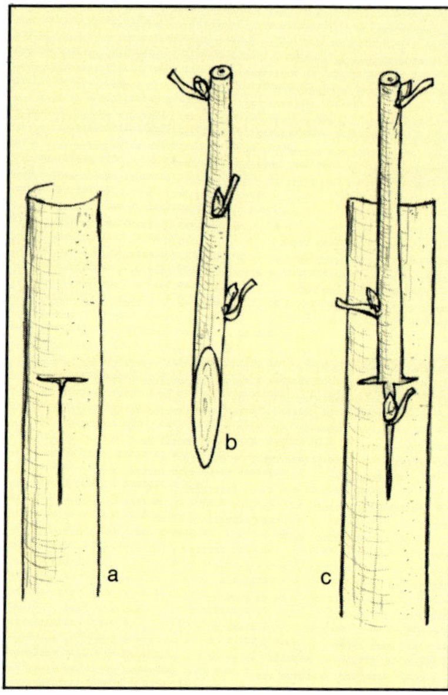

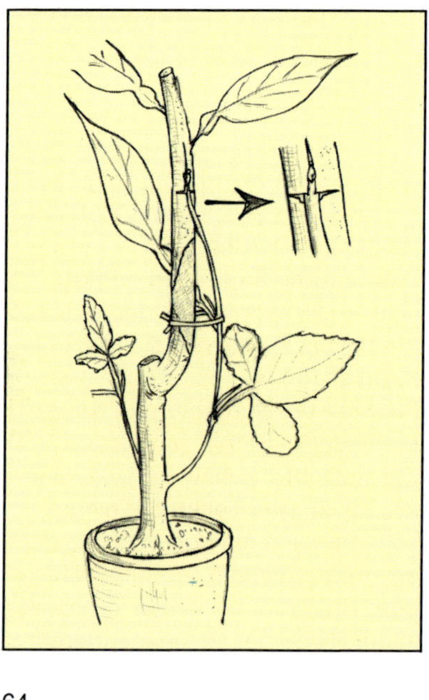

beide Flügel mit dem Messerrücken oder dem Schild des Okulationsmessers angehoben werden. Dieses Anheben der Rinde gelingt nicht, wenn sich die Unterlage in Winterruhe befindet. Daher müssen Pflanzen, die im Topf im Winter auf diese Weise veredelt werden sollen, zuvor angetrieben werden.
Das vorgesehene Edelreis eines Gehölzes (mit etwa 3–4 Augen) wird nunmehr vorsichtig mit einem Messer entblättert bzw. bis auf Blattstiele zurückgeschnitten, um übermäßiger Verdunstung vorzubeugen. Anschließend wird der untere Teil mit einem Kopulationsschnitt von etwa 3 cm Länge versehen und von oben in den T-Schnitt der Unterlage eingeschoben. Dieses gelingt gut, weil zuvor, wie beschrieben, die Rinde vom Holzteil gelöst wurde. Bei stärkeren Unterlagen kann es aber durch deren dickere Rinde Probleme beim Einschieben des zurechtgeschnittenen Edelreises geben. In diesem Falle soll oberhalb des T-Schnittes, in Verlängerung des senkrechten Schnittes ein halbkreisförmiger Teil der Rinde zusätz-

Oben:
a: T-Schnitt an der Unterlage
b: Zugeschnittenes und entblättertes Edelreis
c: Zugeschnittenes Edelreis eingeschoben in den T-Schnitt der Unterlage

Unten:
Durch seitliches Einspitzen überbrückte kranke Stelle an einer Citrus-Veredlung. (Umgekehrter T-Schnitt.)

lich herausgeschnitten werden. Das Einschieben des Reises wird dadurch erheblich erleichtert.
Anschließend wird, bei nicht zu dikken Unterlagen, mit Gummiveredlungsband oder Bast vorsichtig von oben nach unten verbunden. Bei dickeren Unterlagen sei die Verwendung von Bast empfohlen oder, wenn hierdurch keine ausreichende Festigkeit erzielt werden kann, die Benutzung von Drahtstiften. Mit diesen Drahtstiften wird die überlappende Rinde der Unterlage einfach mit dem eingeschobenen Reis befestigt. Der Veredlungsbereich und alle weiteren Schnittstellen an der Unterlage und am Edelreis werden mit Baumwachs verstrichen.
Die Krone wird der Unterlage vorerst belassen. Ein erstes, teilweises Abwerfen erfolgt während der winterlichen Ruhezeit, der Rest kann im Sommer bzw. kommenden Herbst entfernt werden.
Auf ähnliche Art lassen sich Wunden am Baum überbrücken. Zu diesem Zwecke wird sowohl der oben beschriebene Schnitt an der Unterlage durchgeführt als auch ein entgegengesetzter (umgekehrter T-Schnitt) über der Wunde. Danach wird das beidseitig zugeschnittene Reis in die »Taschen« der T-Schnitte geschoben und verbunden. Unterhalb einer Wunde wachsende Wasserschosse können mit dem oberen Triebteil über dem zu überbrückenden Bereich einveredelt werden (Ammenveredlung).

Nadelgehölze

Nadelgehölzveredlungen können im Winter auf in Töpfen kultivierten Sämlingen durchgeführt werden.
Hierzu werden die Pflanzen 3–4 Wochen vor dem beabsichtigten Veredlungstermin gewässert und durch Wärmerstellen angetrieben. Die erforderlichen Edelreiser werden entweder kurz vorher geschnitten, sie können jedoch, bei kühler Lagerung, auch schon einige Zeit zuvor geschnitten worden sein.
Als Veredlungsmethode sei das seitliche Anplatten (siehe S. 57) bei relativ starken Edelreisern angeraten, ansonsten das seitliche Einspitzen, wie oben beschrieben.
Nadelgehölzveredlungen werden nach dem Verbinden mit Veredlungsgummi nicht mit Wachs verstrichen, weil bei ihnen an den Schnittstellen so viel Harz austritt, daß eine ausreichende Schutzfunktion gewährleistet ist.
Nochmals, werfen Sie nicht sofort die sich über dem Veredlungsort befindlichen Triebe der Unterlage ab. Hierdurch könnte der verbleibende Zapfen eintrocknen, und die Veredlung hätte keine Chance anzuwachsen.
Die Nadelgehölzunterlagen werden oberhalb der Veredlungsstelle um die Hälfte eingekürzt, sobald die Edelsorte angewachsen ist. Im Laufe der folgenden Zeit wird der Zapfen gekürzt, endgültig entfernt jedoch erst dann, wenn die aufveredelte Sorte kräftig durchtreibt.

Veredlungsarten

Geißfußpfropfen
Eine bewährte und sichere Veredlungsmethode zur Verbindung zweier ungleich starker Partner ist das Geißfußpfropfen. Diese Methode kann sowohl im Winter in der Hand als auch auf eingewurzelten Unterlagen im Freien bei geeignetem Wetter angewandt werden. Günstig ist Februar bis April.
Bei winterlichen Handveredlungen mit erdelosen Unterlagen müssen sich diese in Winterruhe befinden und dürfen nicht bereits treiben. Das gilt ebenso für die Veredlungsreiser, die kurz vor dem Veredeln geschnitten werden oder zwischenzeitlich kühl bei ausreichender (Luft-)Feuchtigkeit gelagert wurden. Diese Reiser sind ebenso gut geeignet wie die zuvor geschnittenen. Besonders bei Steinobst muß man darauf achten, daß die Reiser nicht angetrieben sind (s. S. 47).
Im Gegensatz dazu müssen sich jedoch die im Freiland befindlichen Veredlungsunterlagen nicht im Ruhestadium befinden. Hier schadet

a: Abgeworfene und zurechtgeschnittene Unterlage
b: Zurechtgeschnittenes Edelreis, Winkel müssen gleich sein (45°–90°)
c: Kombination Edelreis und Unterlage, ohne Verband und Wachs

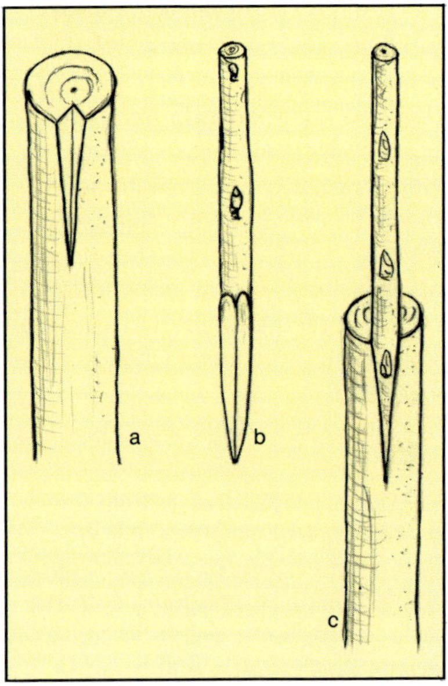

d: Rückansicht der fertigen, unverbundenen Veredlung
e: Geißfußpfropfung nach Hug

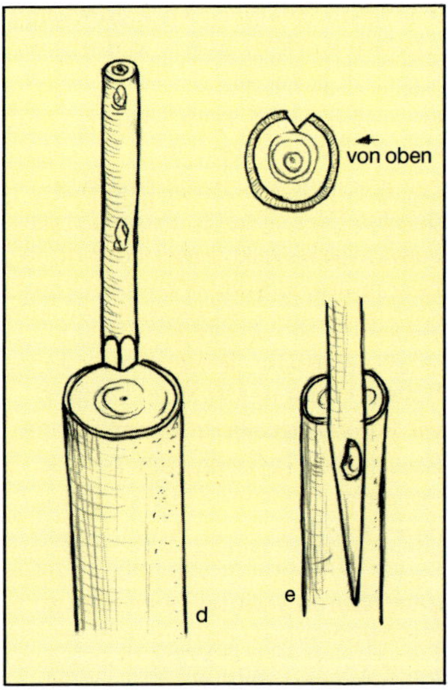

es nicht, wenn bereits ein Knospenschwellen eingesetzt hat, weil diese Pflanzen in der Erde eingewurzelt sind und demzufolge – auch nach einer durch den Beginn des Wachstumsprozesses eingeleiteten Saftverlagerung – mit Nährstoffen und erforderlichem Wasser über die Wurzeln versorgt werden können. Sie können also nicht austrocknen mit anschließendem Absterben wie die angetriebenen Edelreiser. Die Edelreiser hingegen sollten im Winter zur Wachstumsruhe geschnitten worden sein oder, bei geeignetem Wetter, kurz vorher.
Der erste Veredlungsschnitt wird mit einer scharfen, nicht quetschenden Gartenschere durchgeführt, wobei die Unterlage kurz überhalb der beabsichtigten Veredlungsstelle abgeworfen und anschließend leicht schräg von der Veredlungsstelle weg mit einem Kopuliermesser oder einer Hippe nachgeschnitten wird. An der verbleibenden höheren Seite wird mit 2 etwa 3 cm langen, sich unten treffenden Schnitten ein Keil herausgeschnitten. Der hierbei entstehende Winkel soll etwa 45–90 Grad betragen, die Breite und die davon abhängige Tiefe des Schnittes richtet sich nach dem Durchmesser des Edelreises. Anschlie-

1

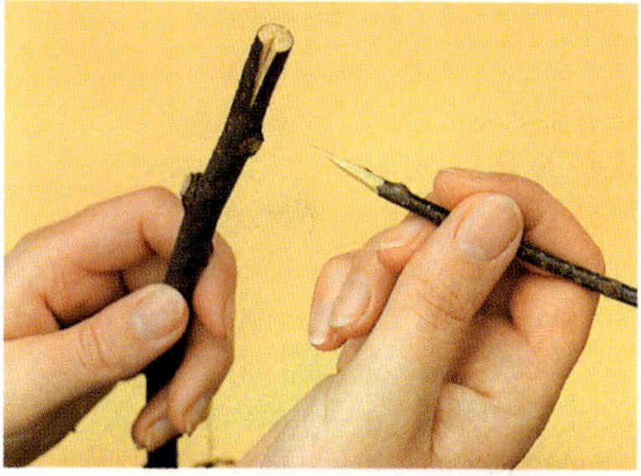
2

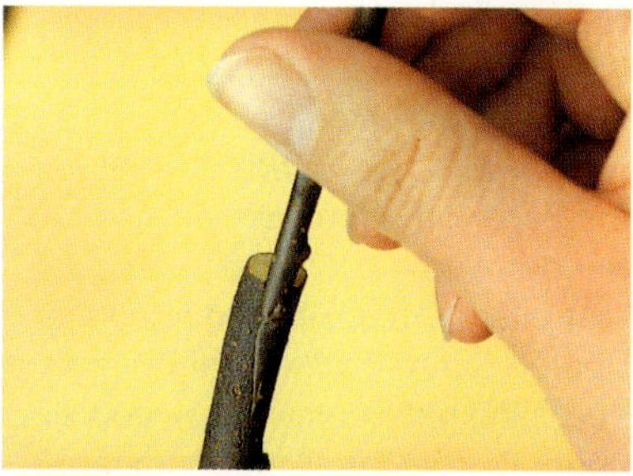
3

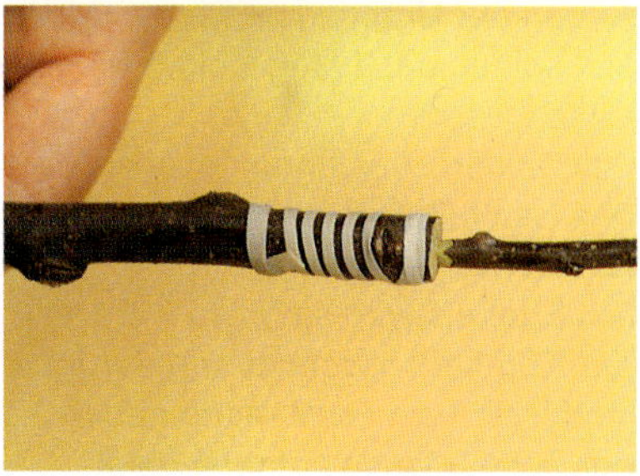
4

1 Schnitt an der Unterlage zum Geißfußpfropfen
2 Unterlage und Edelsorte zurechtgeschnitten
3 Veredlungspartner zusammengefügt
4 Veredlung, von hinten gesehen

ßend wird das etwa 3–5 Augen lange Veredlungsreis durch ebenfalls 2 Schnitte keilförmig so zugeschnitten, daß es gut in die zurechtgeschnittene Unterlage paßt.
Die zwei am Edelreis ausgeführten Schnittstellen sollen so lang sein, daß nach dem Zusammenfügen mit der Unterlage jeweils noch ein etwa halbkreisförmiger, zugeschnittener Holzteil oben herausschaut. Hierdurch wächst die Veredlung erheblich besser zusammen, weil zusätzlich Wundkallus gebildet wird.
Wie bei der Beschreibung der Kopulation schon ausgeführt, soll sich ein Auge am Veredlungsreis etwa in der Mitte des Keilschnittes befinden. Ebenso ist ein Auge gegenüber der Veredlungsstelle an der Unterlage dem Anwachsen förderlich. Nach Einfügen des Keiles in den geschnittenen Spalt an der Unterlage wird der Veredlungsbereich mit Bast von oben nach unten verbunden und mit 2 halben Schlägen festgelegt. Anschließend auch die oberen Schnittflächen am Edelreis sorgfältig mit Baumwachs verstreichen! Die beiden eingebundenen Augen der Unterlage und des Reises sollten nach Möglichkeit freigelassen werden.
Eine andere Ausführungsvariante des Geißfußpfropfens ist das Verfahren nach Hug.
Am Edelreis wird ein etwa 3 cm langer Kopulationsschnitt angefertigt, wobei sich ein Auge mittig neben der Schnittfläche befinden muß. Anschließend wird ein weiterer Kopulationsschnitt gleicher Länge gegenüber dem Auge angesetzt, wodurch beide Schnittflächen in einem rechten Winkel zueinander stehen.
Die Veredlungsunterlage wird abgeworfen und sauber nachgeschnitten. Senkrecht zur Mittelachse wird nun durch die Rinde in das Holz ein etwa 3 cm langer Schnitt gefertigt, hierzu im rechten Winkel ein weiterer Schnitt. Die entstehende rechtwinklige Kerbe dient der Aufnahme des zuvor geschnittenen Edelreises. Die Tiefe des Einschnittes an der Unterlage richtet sich nach den Schenkeln des geschnittenen Reises, der Kopulationsschnitt sollte am Edelreis etwas über die abgeworfene Unterlage herausragen.
Nach dem Veredeln ist wiederum mit Bast zu verbinden und sorgfältig zu verstreichen, wobei die Knospen, die sich im Veredlungsbereich befinden, freigelassen werden.

Rindenpfropfen

Eine gute Möglichkeit, Reiser auf dickere Äste zu veredeln, ist die Methode des Rindenpfropfens.
Hierbei wird das sich noch in Ruhe befindende Edelreis hinter die Rinde der schon in Saft stehenden Unterlage gepfropft. Die günstigste Zeit für diese Veredlung ist demnach die Zeit von April bis Mai, abhängig vom Wetter.
Ausgeführt werden solche Veredlungen, um bei Obstgehölzen unbe-

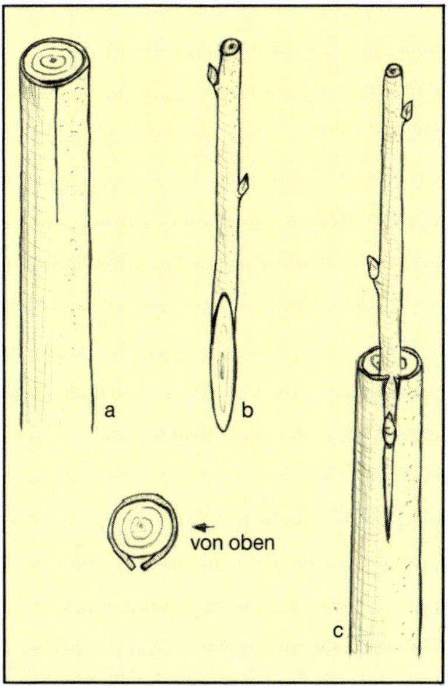

a: Abgeworfener und zurechtgeschnittener Pfropfkopf
b: Zugeschnittenes Edelreis
c: Unter die Rinde geschobenes Edelreis, vor dem Verband

friedigende Sorten zu ersetzen, um eine Befruchtersorte einzuveredeln oder um kräftige, ältere Unterlagen, die bereits am endgültigen Standort stehen, zu veredeln.
Zuerst wird der zu veredelnde Ast bis etwa zur beabsichtigten Veredlungsstelle abgesägt. Hierbei muß ein Ausbrechen des angesägten Astes verhindert werden, indem

1

2

3

4

1 Zurechtgeschnittener Pfropfkopf und Edelreis
2 Zusammenschieben der Veredlungspartner
3 Gelungene Pfropfung
4 Angelegter Bastverband

zuvor unterhalb der späteren Sägestelle eine leichte Einkerbung eingesägt wird. Danach wird der Pfropfkopf mit einem Kopulationsmesser oder einer Baumhippe sauber- und glattgeschnitten.
Nunmehr wird parallel zum Ast ein etwa 2–3 cm langer Schnitt in die Rinde der Unterlage geschnitten und diese dann anschließend mit dem Rücken des Messers oder mit einem speziellen Rindenlöser gelöst. Das einzusetzende Edelreis erhält einen normalen Kopulationsschnitt. An der Rückseite der Schnittfläche soll sich im mittleren Teil ein Auge befinden.
Dieses so zugeschnittene Reis (mit etwa 2–6 Augen) wird nun zwischen die gelösten Rindenflügel bis zum unteren Schnittende eingeführt. Wenn alle Maßnahmen richtig durchgeführt sind, muß das Reis relativ fest zwischen den Rindenflügeln eingeklemmt sein. Der Kopulationsschnitt am Edelreis sollte so angefertigt worden sein, daß er wiederum halbkreisförmig über den Pfropfkopf herausragt. Anschließend wird der Veredlungsbereich mit Bast verbunden, stramm, aber nicht einschnürend, wobei sich die ersten, im oberen Bereich gelegten Windungen teilweise kreuzen müssen, um einen festen Halt zu gewährleisten; das Auge zwischen den Rindenflügeln wird freigelassen.
Werden dickere Äste umveredelt, sollten gleichzeitig mehrere Edelreiser durch Pfropfen hinter die Rinde aufveredelt werden. Zu diesem Zweck werden zwei oder mehrere Einschnitte in die Rinde des Pfropfkopfes in gleichmäßigem Abstand geschnitten. Hernach werden die Rindenflügel leicht gelöst und die vorbereiteten, mit dem Kopulationsschnitt versehenen Edelreiser in die entstandenen Schlitze eingeschoben. Die Edelreiser müssen fest und selbständig sitzen, weshalb die Rindenflügel nicht übermäßig gelöst werden dürfen. Dann werden alle Reiser gleichzeitig mit Bast in oben beschriebener Weise stramm verbunden.
Die Erfahrung hat gezeigt, daß Pfropfköpfe mit einem Durchmesser von mehr als 3 cm 2 Reiser aufnehmen können, bei mehr als 5 cm 3 Reiser. Die obersten Augen der Edelreiser sollten normalerweise von der gedachten Astverlängerung wegweisen, es sei denn, es sollen besondere zusätzliche Wünsche durch die Wuchsrichtung des Reises erfüllt werden.
Das Einveredeln mehrerer Edelreiser auf dickere Pfropfköpfe hat den entscheidenden Vorteil, daß die Überwallung der recht großen Schnittwunde erheblich gefördert wird.
Weiterhin kann der kräftigste sich nach der Rindenpfropfung ausbildende Trieb zum weiteren Aufbau genutzt werden, wobei die anderen Reiser langsam zurückgeschnitten werden.

Das Zurückschneiden sollte sich stufenweise über einen längeren Zeitraum hinziehen, um die Kallusbildung günstig zu beeinflussen.

Verbessertes Rindenpfropfen
Wie bei der zuvor beschriebenen Methode wird die Unterlage mit einem etwa 3 cm langen Längsschnitt versehen. Anschließend werden jedoch nicht beide Rindenflügel gelöst, sondern nur einer. Das Veredlungsreis wird wie zuvor mit einem Kopulationsschnitt versehen. Weiterhin wird eine Seite dieses Schnittes, etwa rechtwinklig zur vorherigen Schnittfläche, angeschnitten. Die Seite, an der dieser Anschnitt vorgenommen werden muß, ist abhängig von der Seite, an der bei der Unterlage die Rinde gelöst wurde. Die angeschnittene Seite muß nämlich nach dem Einschieben des Edelreises unter die gelöste Rinde stramm anschließen an die nicht gelöste Rindenseite. Durch diese Maßnahme wird der gleiche Effekt erzielt wie bei der zuvor beschriebenen Methode des Pfropfens hinter die Rinde, ohne jedoch beide Rindenseiten anheben zu müssen.
Verbunden wird danach mit Bast, wobei auf die erforderliche Wickelrichtung geachtet werden muß. Der Bastfaden soll das eingeschobene Reis gegen den nicht angehobenen Rindenflügel drücken. Mehrfachveredlungen sind bei entsprechender Dicke der Unterlage ebenfalls mög-

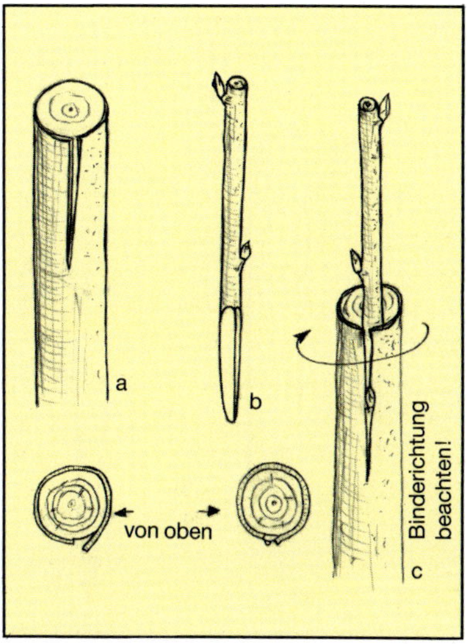

a: Zurechtgeschnittener Pfropfkopf, eine Seite gelöst
b: Zurechtgeschnittenes Edelreis, eine Seite des Kopulationsschnittes zusätzlich rechtwinklig angeschnitten
c: Fertige Veredlung, Edelreis links anliegend rechts unter die angehobene Rinde geschoben

lich. Nach Durchführung der Arbeiten ist der Veredlungs- und sonstige Wundbereich mit Baumwachs zu verstreichen.

Spaltpfropfen
Das Spaltpfropfen mit seinen Varianten ist eine Möglichkeit, sowohl gleichstarke Veredlungspartner zu verbinden als auch Umveredlungen vorzunehmen, bei denen junge Triebe auf kräftige Äste gepfropft werden sollen. Ein Vorteil gegenüber dem Pfropfen hinter die Rinde mag auch darin bestehen, daß diese

Veredlungsarten

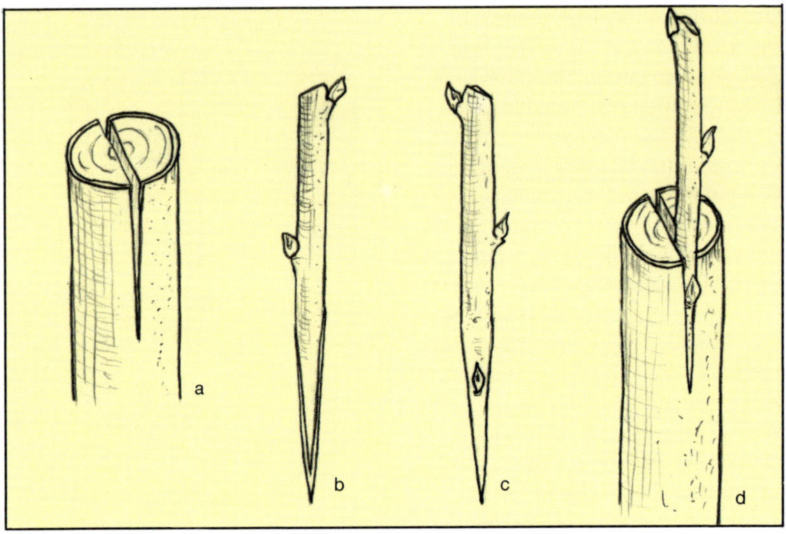

a: Gespaltener Pfropfkopf; b: Zurechtgeschnittenes Edelreis, Rückseite
c: Dasselbe von der Vorderseite; d: In den Spalt gepfropftes Edelreis

Methode während der Winterruhe durchgeführt werden kann. Man ist also nicht auf die Zeit der Rindenlösung angewiesen, sondern kann bei geeignetem Wetter bereits im Januar und Februar mit frisch geschnittenen Reisern die Veredlungen durchführen. Somit entfällt die sonst erforderliche kühle und feuchte Lagerung der Reiser bis zum Pfropftermin im April/Mai, wodurch das Risiko entfällt, später doch angetriebene oder sonstwie verdorbene Reiser vorzufinden.
Manche empfindlicheren Gehölze wie *Hibiscus* und *Olea* werden zuweilen nach dieser Methode vermehrt.
Bei Anwendung des Spaltpfropfens zur Veredlung zweier gleichstarker Veredlungspartner wird die Unterlage mit einem Messer über einem Auge sauber abgeschnitten. Anschließend wird sie von oben her etwa 2–2,5 cm durch senkrechtes, ziehendes Schneiden mit einem scharfen Messer gespalten.
Das Veredlungsreis wird beidseitig mit einem Kopulationsschnitt versehen, der jeweils etwas länger sein sollte als der Spalt in der Unterlage tief ist. Hierdurch entsteht am Edelreis ein keilförmiger Zuschnitt, der im mittleren Bereich auf einer der Seiten ein Auge behalten sollte. Ist das wegen des recht schmalen Keils nicht möglich, sollte sich ein Auge zumindest dicht über dem

Anfang des Schnittes befinden. Dieser Keil wird jetzt in den Spalt geschoben, wobei die Rindenschichten an beiden Seiten des Keiles mit den Rindenschichten der gespaltenen Unterlage in Kontakt kommen müssen.
Läßt sich der Keil nicht einfach einschieben, wird der Spalt an der Unterlage durch Einführen des Veredlungsmessers und leichtes Drehen geöffnet. Bei empfindlichen, weichen Reisern muß aber darauf geachtet werden, daß die angeschnittene, zarte Rindenschicht beim Einschieben nicht zurückgedrückt wird.
Hat das Edelreis einen geringeren Durchmesser als die Unterlage, wird der Spalt in die Seite geschnitten. In diesem Falle ist nach dem Abwerfen und sauberen Glattschneiden der Unterlage diese seitlich zu spalten, also nicht zur Mitte hin. Auch soll der Spalt nicht durchgehend sein, sondern sich in der Breite nach dem Edelreis bemessen.
Das Edelreis wird, nachdem der etwa 2–3 cm tiefe Spalt seitlich an der Unterlage geschnitten worden ist, mit einem etwas längeren Kopulationsschnitt versehen. Ein weiterer, gleicher Schnitt, der seitlich vom ersten angebracht wird, ergibt einen keilförmigen Zuschnitt des Edelreises, wobei jedoch der Rindenteil – im Gegensatz zur zuvor beschriebenen Methode – nur an einer Seite stehenbleibt. Auch sollte beim Zuschneiden darauf geachtet werden, daß sich in der Mitte dieses angeschnittenen Rindenteiles ein Auge befindet.
In den seitlichen Spalt wird nun das Edelreis eingeschoben. Auch jetzt ist zu beachten, daß weder die Rinde der Unterlage noch die des Edelreises beschädigt werden.
Ist das Einschieben nicht ohne weiteres möglich, muß wiederum mit einem Messer für eine Spalterweiterung gesorgt werden.

a: In den vorbereiteten Pfropfkopf wurde ein seitlicher Spalt geschnitten
b: Das wie beim Spaltpfropfen vorbereitete Edelreis wird in den seitlichen Spalt geschoben und anschließend mit Bast verbunden und sorgfältig mit Baumwachs verstrichen

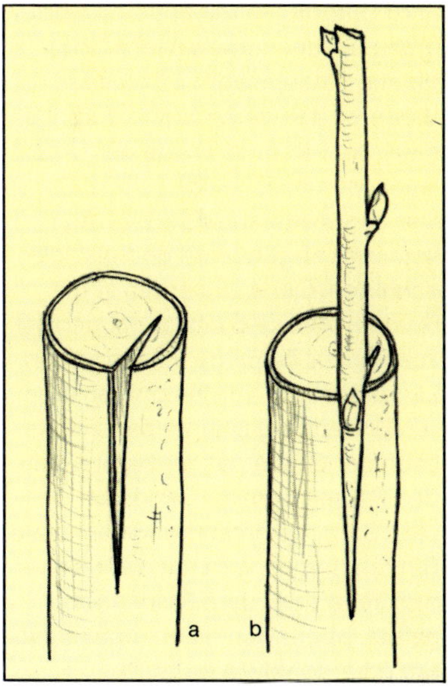

Das Spaltpfropfen ist eine recht gewaltsame Maßnahme; es verbleiben gelegentlich beim seitlichen Spaltpfropfen Lücken in der Unterlage, die Eintrittspforten für Pilzsporen und Schädlinge sein können. Es ist deshalb bei dieser Methode besonders wichtig, neben sorgfältigem Verbinden der Wunde mit Bast alle Stellen im Veredlungsbereich sicher mit Baumwachs zu verschließen und ebenso alle Schnittwunden zu verstreichen.
Bei sorgsam und korrekt ausgeführten Arbeiten ist die Anwachsquote hoch.

Tittelpfropfen
Das Tittelpfropfen ist eine weitere Veredlungsmethode, um sicher dikkere Unterlagen mit anderen Sorten umzuveredeln sowie ältere Obstbäume umzupfropfen. Diese Methode wird etwa April/Mai durchgeführt, weil sich die Rinde der Unterlage lösen muß.
Der zu veredelnde Ast der Unterlage wird abgeworfen und glattgeschnitten. Danach werden in die Rinde 2 etwa 3–6 cm lange, parallel zueinander liegende Einschnitte in Längsrichtung vorgenommen, deren Entfernung zueinander sich nach der Breite des einzuveredelnden Reises bemißt. Der durch die zwei Schnitte entstehende schmale Rindenstreifen wird mit der Messerrückseite oder dem Rindenheber gelöst, aber noch nicht abgeschnitten oder sonstwie entfernt.
Am Edelreis wird jetzt ein Kopulationsschnitt angebracht, der etwas länger als der an der Unterlage zurechtgeschnittene Streifen ist. Wie stets bei den Pfropfverfahren soll sich auch beim Tittelpfropfen ein Auge etwa in der Mitte gegenüber der Schnittfläche des Veredlungsreises befinden. Das Edelreis wird nun von oben in den Spalt geschoben, der durch das Abheben des Rindenstreifens an der Unterlage entstanden ist. Nach dem Einschieben des gesamten unteren Bereiches des zugeschnittenen Edelreises wird der Rindenstreifen abgeschnitten. Jetzt wird verbunden und sorgsam verstrichen.
Eine Variante, die mehr Verwachsungsgewebe von Edelreis und Unterlage zusammenbringt und somit eine Verbesserung darstellt, ist folgende: Am Pfropfkopf der Unterlage wird durch 2 parallel, sich nach unten leicht verjüngenden Schnitte wiederum ein Rindenstreifen freigestellt, der gelöst, aber nicht entfernt wird. Die Breite des Rindenstreifens bemißt sich nach der Breite des mit einem Kopulationsschnitt zurechtgeschnittenen Edelreises, das am unteren Ende zusätzlich im rechten Winkel zur Längsrichtung des Reises schräg angeschnitten wird. Hierdurch entsteht ein kleiner Keil, der jetzt nach dem Hineinschieben des Reises unter den angehobenen Rindenstreifen den unteren Abschluß bildet. Der Rindenlappen wird so weit abgeschnitten, daß der

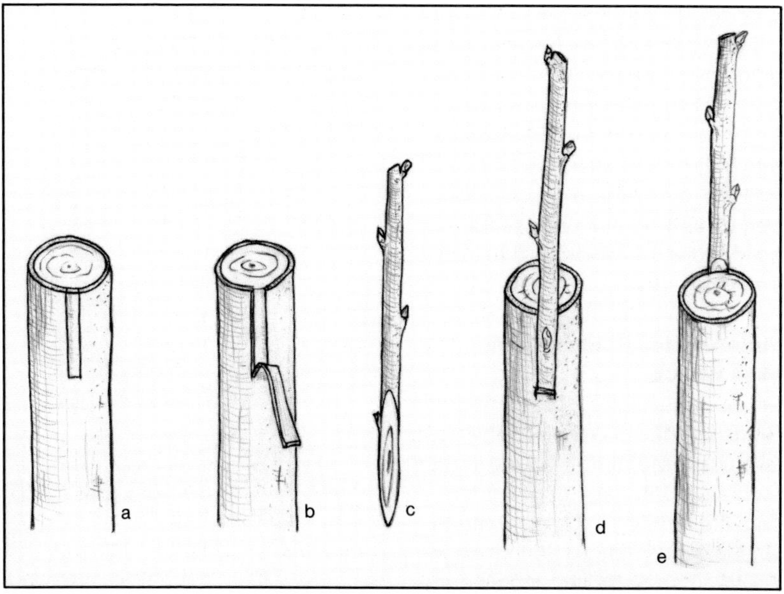

Tittelpfropfen:
- a: Pfropfkopf mit Veredlungsschnitten
- b: Rinde gelöst
- c: Zurechtgeschnittenes Edelreis
- d: Eingeschobenes Edelreis, überstehende Rinde weggeschnitten
- e: Rückansicht

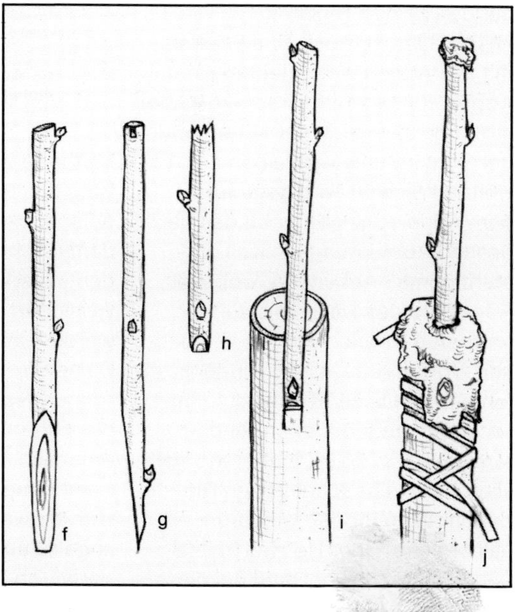

Verbessertes Tittelpfropfen:
- f: Unten winklig angeschnittener Kopulationsschnitt
- g: Ansicht von der Seite
- h: Rückansicht
- i: Rindenstreifen (b) wurde über der Anschnittstelle des eingeschobenen Edelreises (h) abgetrennt
- j: Verbundene und mit Baumwachs verstrichene Veredlungs- und obere Schnittfläche

Veredlungsarten

untere Teil gerade noch den angeschnittenen Keil des Edelreises bedeckt. Nun wird mit Bast verbunden und mit Baumwachs verstrichen. Das Auge am Edelreis im Bereich der Unterlage sollte freigelassen werden, der halbkreisförmig über den Pfropfkopf herausragende Abschnitt der Edelsorte wird mit verstrichen.

Verbessertes Rindenpfropfen nach Wenck

Ein verbessertes Pfropfen unter die Rinde wurde von Wenck entwickelt. Bei dieser Methode wird die in Saft stehende Unterlage abgeworfen und in die Rinde in Längsrichtung ein etwa 3 cm langer Schnitt angebracht. Eine Seite der dabei entstehenden beiden Rindenflügel wird anschließend gelöst. Das Edelreis mit 2–6 Augen wird jetzt mit einem Kopulationsschnitt versehen, wobei ein Auge seitlich in der Mitte neben der Schnittstelle verbleiben soll. Ein weiterer Schnitt wird gegenüber dem Auge so angebracht, daß nach dessen Ausführung ein Keil entsteht gemäß Abbildung, wobei die Rückseite des Keiles bis auf den untersten Bereich ebenso wie dessen Vorderseite einen Rindenstreifen behält. Dieser Keil wird nunmehr unter den angehobenen Rindenstreifen geschoben, wobei wie bei allen bereits beschriebenen Rindenpfropfmethoden wiederum ein halbkreisförmiger Holzteil freibleiben soll. Gleichwohl muß bei dieser

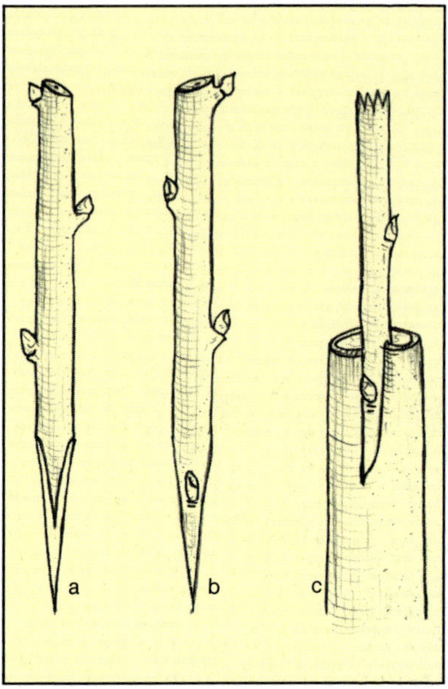

a: Zurechtgeschnittenes Edelreis von der Rückseite gesehen
b: Dasselbe von vorne gesehen
c: Fertige Veredlung, unverbunden und unverstrichen

Methode wieder auf die Wickelrichtung des Bastes um die Veredlungspartner geachtet werden, damit nicht durch falsches Verbinden ein erfolgreiches Verwachsen verhindert wird. Alle Schnittwunden werden sorgfältig verstrichen.
Diese Pfropfmethode ist, sofern sie ordnungsgemäß ausgeführt wird, die sicherste und beste, weil hierbei erheblich mehr teilungsfähiges Kambiumgewebe des Edelreises zum Verwachsen mit der Unterlage angeboten wird als durch andere Verfahren.

Apfelbaum 'Rote Goldparmäne' ▷

Veredeln mit Augen

Neben der Kopulation ist eine weitere wichtige Veredlungsart die Okulation. Bei diesem Verfahren wird nur ein Auge (Knospe) benötigt. Aus dieser eingesetzten Knospe entsteht dann die neue Pflanze.
In den Baumschulen wird zur Vermehrung von Obstgehölzen überwiegend die Okulation angewandt, weil sie gegenüber anderen Techniken einige bedeutende Vorteile aufzuweisen hat. So ist der Verbrauch an Edelsortenmaterial wesentlich geringer als bei der Durchführung von Reiserveredlungen. Das ausgeschnittene Auge bildet eine relativ große Verwachsungszone, wodurch ein Gelingen der Veredlung sehr gefördert wird. Zum Verbinden kann ein »Okulations-Schnellverschluß« (OSV-Fleischhauer) verwandt werden, was den Zeitbedarf gegenüber dem Verbinden mit Bast oder Veredlungsgummiband wesentlich verringert. In den meisten Fällen braucht die Veredlungsstelle nicht mit Baumwachs verstrichen zu werden. Ein Auftrennen des Verbandes ist nicht erforderlich, weil sich der Okulationsschnellverschluß durch den Einfluß der Witterung selbst zersetzt und spätestens beim Austrieb des Edelauges bzw. bei Zunahme der Stammdicke reißt und abfällt. Und schließlich bildet sich aus dem eingesetzten Auge ein kräftiger Trieb, der im kommenden Sommer bereits als einjährige Veredlung aufgepflanzt werden kann. Einige Obstarten (Pfirsich, Nektarine, Mandel) sind als Einjährige bereits mit Seitenzweigen garniert.
Der Zeitpunkt des Okulierens ist entweder im Frühling von Mai bis Juni, oder im Sommer, zumeist von Ende Juni bis zum September.
Im Frühling findet die Okulation auf das treibende Auge statt. Das bedeutet, das eingesetzte Auge treibt im Sommer noch aus und bildet einen Trieb, der jedoch bei vielen Gehölzarten bis zum Winter nicht mehr ausreifen würde und deshalb im Winter erfrieren kann. Aus diesem Grund werden bei uns im Freiland nur wenige Okulationen aufs treibende Auge durchgeführt, so z. B. bei der Birke, wobei man gute letztjährige Augen verwendet, oder bei Ahornarten mit im selben Jahre gewachsenen Augen.
Manche Kübelpflanzen können mit gutem Erfolg auf das treibende Auge okuliert werden, weil diese Pflanzen im Winter ohnehin frostfrei überwintert werden müssen. Citruspflanzen können z. B. durch Okulation vermehrt werden, obgleich die Chipveredlung die häufiger angewandte Methode darstellt (siehe S. 86). Auch *Olea europaea* (Olive) sowie *Diospyros kaki* (Kaki), *Morus alba* (Maulbeerbaum) u. a. im Gewächshaus kultivierte Pflanzen können so vermehrt werden.
Heimische Obst- und Ziergehölze werden vorwiegend durch Okulation

auf das schlafende Auge vermehrt. Das bedeutet, das okulierte Auge »schläft« bis zum kommenden Frühling und beginnt erst dann auszutreiben; das bedeutet hingegen nicht, daß das Auge auch erst im nächsten Frühling anwächst.
Zwei bis drei Wochen nach der sommerlichen Okulation ist das Auge bereits verwachsen, es muß durch die Wahl des geeigneten Veredlungstermins lediglich verhindert werden, daß es anschließend schon austreibt. Wäre dieses der Fall, würde der neue Austrieb im kommenden Winter zumeist erfrieren. Sollte dennoch einmal ein vorzeitiges Triebwachstum auftreten, sollte dieser nach kurzem Wachsen auf ein Auge zurückgeschnitten werden, damit wenigstens dieser Triebstummel ausreifen kann.

Okulation auf das schlafende Auge
Okulationen auf das schlafende Auge werden zur Zeit guter Rindenlösung von Juli bis Anfang September durchgeführt.
Die benutzten Unterlagen sind zumeist ein- bis zweijährig. Die Vorbereitung der Okulation beginnt etwa 2 Wochen vor dem beabsichtigten Termin: die vorgesehene Veredlungsstelle wird von Seitentrieben freigemacht und gegebenenfalls von Dornen oder Stacheln. Weiterhin sollte einige Tage vor dem beabsichtigten Veredlungstermin die Rindenlöslichkeit der Unterlage überprüft werden. Löst sich die Rinde nicht, soll man eine flache Bodenbearbeitung durchführen und kräftig wässern, oder der Veredlungstermin muß verschoben werden.
Die erforderlichen Veredlungsreiser sollten kurz zuvor von diesjährigen, kräftigen Trieben geschnitten werden. Um die Verdunstung zu reduzieren, sind die Blätter der Reiser sogleich abzuschneiden. Die Blattstiele hingegen sollten nicht entfernt werden, weil sie beim späteren Veredeln noch nützlich sind. Ist aus irgendeinem Grund ein Reiserschnitt nur mehrere Tage vor dem Veredlungstermin möglich, so müssen auch dann sogleich die Blätter von den Reisern geschnitten werden. Anschließend werden sie in feuchtes Moos oder in ein feuchtes Tuch oder Papier gewickelt und kühl gelagert. So vorbereitet, können die Edelreiser auch versandt werden.
Am Tage der Veredlung wird der Wurzelhals der Unterlage mit einem trockenen Tuch gesäubert, damit die Veredlungsstelle staub- und sandfrei ist. Nun wird an der Unterlage in Höhe der beabsichtigten Veredlung – bei den meisten Gehölzen mindestens 10 cm über dem Erdboden – ein T-Schnitt angelegt, der später das Auge der Edelsorte aufnehmen muß.
Diese Stelle sollte möglichst der Windrichtung entgegenstehen, damit der spätere Trieb nicht von der Unterlage weggedrückt wird. Zu-

Veredlungsarten

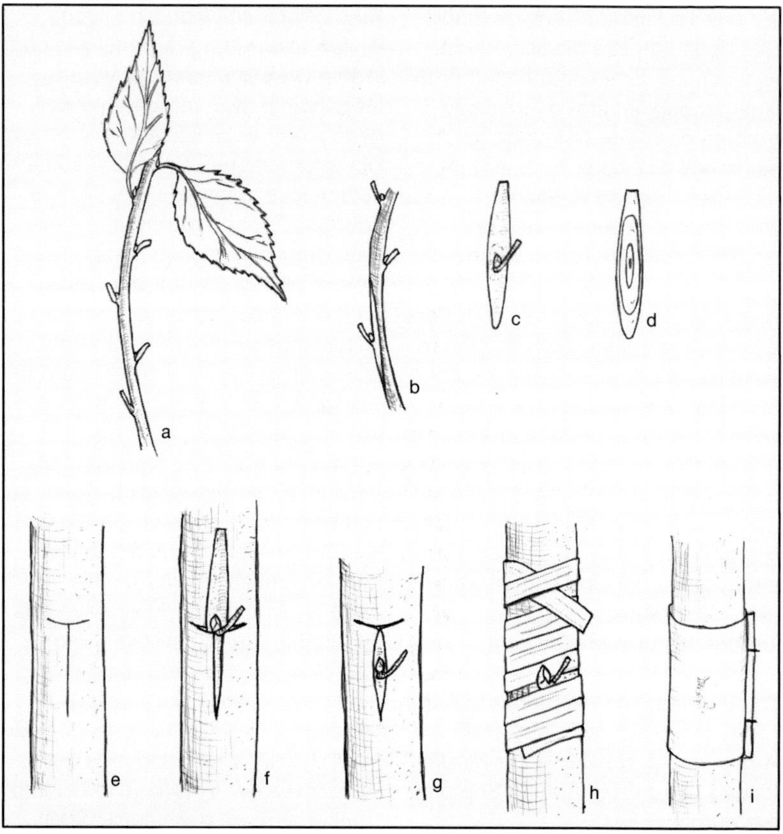

a: Reis der Edelsorte wird mit einem Messer oder einer Schere entblättert. Die Blattstiele unter dem Auge bleiben stehen
b: Das Auge wird von unten nach oben aus dem Edelreis geschnitten
c: Ausgeschnittenes Auge mit Blattstiel und Schildchen
d: Dasselbe von der Rückseite gesehen
e: T-Schnitt in die Unterlage geschnitten
f: Mit dem Rindenlöser des Okuliermessers werden die Rindenflügel angehoben und das Auge in die so entstehende Tasche geschoben
g: Mit dem Okuliermesser wird das oben über dem waagerechten T-Schnitt befindliche Schildchen sauber abgeschnitten
h: Mit Gummiveredlungsband von unten nach oben festgebundenes Auge. Festgelegt mit einem halben Schlag
i: Einfach in der Handhabung: Verbinden mit »Okulationsschnellverschluß«, befestigt auf der Rückseite mit einer Klammer

Rechte Bildseite:
1 Lösen der Rindenflügel
2 Schneiden des Edelauges
3 Abschneiden des Augenschildes
4 Verbinden mit Gummiveredlungsband ...
5 ... bzw. dem Okulationsschnellverschluß
6 Fertig verbundene Veredlung
7 Austreiben des Auges einer gut gelungenen Okulation (Süßkirsche auf 'Colt')

1
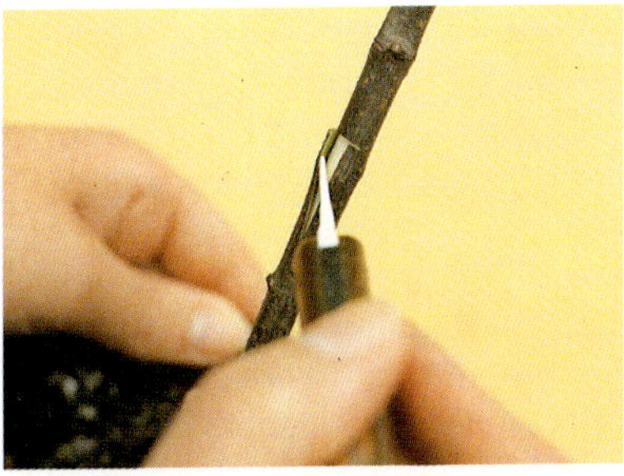

5

2

6

3

7

4

nächst wird ein waagerechter, etwa 1 cm langer Schnitt in die Rinde der Unterlage gebracht, ohne das Holz hierbei zu zerschneiden. Die scharfe Klinge des Okulationsmessers muß sich dabei der Rundung der Unterlage anpassen. Anschließend wird, in der Mitte des waagerechten Schnittes beginnend, ein etwa 2,5–3 cm langer senkrechter Schnitt in die Rinde der Unterlage geschnitten. Mit der Messerklinge oder dem Rindenlöser werden nunmehr beide Rindenflügel gelöst.
Danach wird das Edelauge vom Reis geschnitten. Hierzu wird das Reis, dessen oberer Teil zum Körper gewandt ist, in die linke Hand genommen. Mit dem Okuliermesser wird jetzt etwa 2 cm unterhalb des Auges angesetzt und das Auge mit einem Schnitt vom Holzteil getrennt, der etwa 2 cm oberhalb des Auges aufhört. Der untere Rindenteil des freigeschnittenen Auges muß ellipsenförmig aussehen.
Bei zu breiter Ellipse wurde das Auge zu flach abgeschnitten, wodurch ein gutes Verwachsen mit der Unterlage behindert wird. Ist die Ellipse sehr schmal, wurde zu tief in den Holzteil geschnitten, wodurch es schwierig sein wird, das Auge bündig mit der gekrümmten Unterlage zu verbinden. Es ist also wichtig, beim Ausschneiden des Auges ein kleines Holzstück an der Rückseite des Auges zu belassen.
Nicht empfohlen – obwohl hin und wieder zu hören und zu lesen – ist es, den unter dem Auge verbliebenen kleinen Holzteil, wenn auch vorsichtig, zu entfernen. Das Risiko, das Auge zu verletzen, ist sehr groß.
Das jetzt abgetrennte Edelauge wird mit Daumen und Zeigefinger der rechten Hand vorsichtig von oben in die aufgeklappte Rindentasche geschoben, wobei das Auge in der Mitte des Einschnittes herausragt. Der Teil des Edelauges mit seinem Schildchen, der über dem waagerechten Schnitt an der Unterlage herausragt, wird sauber abgeschnitten.
Jetzt wird die Veredlungsstelle verbunden. Hierzu sei empfohlen, Veredlungsgummiband zu verwenden. Dieses Gummiband wird über den waagerechten Schnitt gelegt, mit einem sich kreuzenden Schlag festgesetzt und nach unten unter Freilassung des Auges stramm gebunden sowie anschließend mit einem halben Schlag gesichert.
Noch einfacher ist die Verwendung von Okulationsschnellverschlüssen, die schnell ein sauberes und strammes Verbinden ermöglichen, so daß Schadinsekten nicht an die Veredlungsstelle herankommen.
Der Okulationsschnellverschluß wird mit der Gummiseite auf das zu diesem Zweck völlig entblätterte Auge, also einschließlich des Blattstieles, gedrückt und rückseitig mit einer Klammer befestigt. Durch den Einfluß der Witterung fällt er nach einiger Zeit ab, spätestens jedoch

bei Austrieb des eingesetzten Auges im kommenden Frühjahr.
Ein Verstreichen mit Baumwachs kann unterbleiben, es sei denn, es müssen gegen die Okuliermade Vorkehrungen getroffen werden. In diesem Fall sollten die mit Veredlungsgummis verbundenen Veredlungen unter Freilassung des Auges mit Wachs verstrichen werden.
Schon 2–3 Wochen nach der Veredlung kann an den Augen mit einem Blattstiel kontrolliert werden, ob ein Anwachsen stattgefunden hat oder nicht. Die Blattstiele angewachsener Augen fallen bei leichtestem Berühren ab oder sind bereits abgefallen, die Augen sehen gesund und prall aus, von nichtangewachsenen Augen trocknen die Blattstiele ein und verbleiben am Auge. Sie fallen bei Berühren also nicht ab. Auch sind die Augen vertrocknet und zeigen oft bereits braune Stellen oder Ränder.
Weil recht früh nach der ausgeführten Okulation der Erfolg überprüft werden kann, ist oft bei einer nicht gelungenen Veredlung ein Nachokulieren noch möglich, sofern die Rinde noch löst. Dieses sollte dann möglichst unterhalb der mißlungenen Veredlungsstelle durchgeführt werden. Ist ein Nachokulieren nicht möglich, kann im folgenden Spätwinter nachkopuliert werden, so daß im kommenden Sommer mit großer Sicherheit eine Pflanze mit der gewünschten Edelsorte zur Verfügung steht.

Okulationen werden zumeist etwa 10–20 cm über dem Boden durchgeführt.
Gelegentlich können auch Veredlungen in anderen Höhen ausgeführt werden, wenn bestimmte Zwecke damit verfolgt werden sollen. So kann z. B. der Einfluß schwachwüchsiger Veredlungsunterlagen auf die Edelsorte bei Höherveredlung verstärkt werden. Apfeledelsorten zeigen deutlich schwächeren Wuchs bei Veredlung auf M 9 durch Okulation in Höhe von 50 cm über dem Erdboden im Gegensatz zu der üblichen Veredlungshöhe in Höhe von 10 cm.
Weiterhin soll durch Okulation in einen umgekehrten T-Schnitt kräftigerer Wuchs und früheres Verzweigen initiiert werden. Ob sich dieses aufwendigere Verfahren deshalb jedoch lohnt, bleibt dahingestellt, allgemein durchgesetzt hat sich diese in England entwickelte Methode nicht.

Okulation auf das treibende Auge

Wie auf S. 78 ausgeführt, werden – mit Ausnahme verschiedener Kübel- und Gewächshauspflanzen – Okulationen auf das treibende Auge nur sehr selten vorgenommen.
Der Veredlungsvorgang ist dabei prinzipiell gleich dem der Veredlung auf das schlafende Auge: In einen in die Unterlage gebrachten T-Schnitt wird nach dem Lösen der Rindenflügel ein Auge der Edelsorte von oben eingeschoben, anschlie-

ßend wird verbunden. Das Anwachsen des Auges geschieht schnell, oft treibt die Knospe bereits nach 2–3 Wochen aus und bildet anschließend einen Trieb, der noch kräftig wachsen kann. So wird der Zuwachs bei Birkenveredlungen mit 60–80 cm noch im selben Jahr angegeben.

Bei dieser Veredlungsmethode kann ein Problem auftreten. Woher bekomme ich im selben Jahre gewachsene veredlungsfähige Augen? Einige Pflanzenarten bilden innerhalb der bis dahin kurzen Vegetationszeit noch keine guten Augen. Hier können auch vorjährige verwandt werden.

Andere Pflanzenarten, wie z. B. Ahorn, bilden im selben Jahr schon kräftige, veredlungswürdige Augen aus.

Stehen im Verhältnis zur Unterlage nur sehr große Augen zur Verfügung, so kann an Stelle des T-Schnittes auch ein Kreuzschnitt an der Unterlage angebracht werden. Hierbei werden alle 4 Rindenflügel gelöst, worunter dann das Auge mit dem Schildchen aus Rinde und Holz geschoben wird. Das Auge selbst soll sich in der Mitte des Kreuzschnittes befinden. Nach dem Verbinden und gegebenenfalls Verstreichen mit Wachs wird es bei Frühjahrsokulation auf das treibende Auge schon bald austreiben, bei Sommerokulation auf das schlafende Auge hingegen erst im nächsten Frühjahr.

Ring- und Plattenokulation

Dies ist ein aufwendiges Verfahren, um Walnüsse zu veredeln.

Nach dem Ausschneiden eines Rindenstreifens oder eines Auges auf einer »Rindenplatte« vom Edelreis mit dem Doppelklingenmesser und dem Einsetzen in die entsprechend vorbereitete Unterlage wird verbunden, verstrichen und bis zum Anwachsen bei 25–30 °C weiterkultiviert (meist nur in Spezialbaumschulen durchgeführt).

a: Um das zu übertragende Auge mit Doppelklingenmesser 2 Einschnitte fertigen
b: Den Rindenstreifen lösen, auf die gleichstarke, mit Doppelklingenmesser von der Rinde befreite Unterlage (c) bringen
c: Vorbereitete Unterlage
d: Bei der Plattenokulation das Auge mit einer Rindenplatte dem Edelreis entnehmen
e: In die vorbereitete Unterlage einsetzen

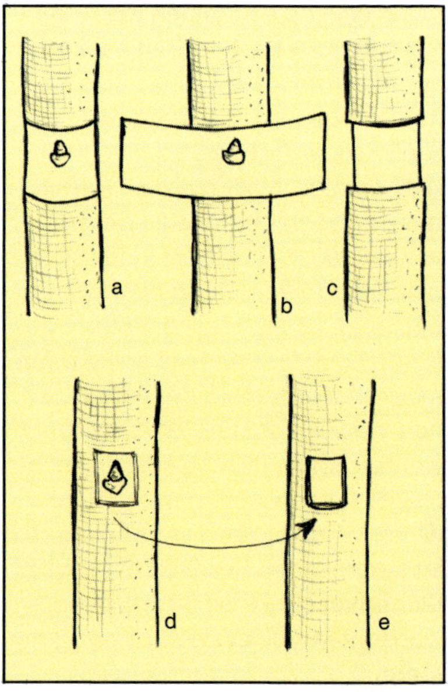

Nicolieren

Zwischen Quittenunterlagen und einigen Birnensorten gibt es Unverträglichkeitserscheinungen, die ein Kombinieren dieser Sorten nicht möglich machen. Andererseits kann auf die Quitte als Birnenunterlage nicht verzichtet werden, da sie bislang die einzige bewährte, auf vegetativem Wege vermehrte Unterlage ist, die der Birne einen schwachen und recht einheitlichen Wuchs verleiht.

Daher wurde zwischen der Quittenunterlage und der unverträglichen Birnensorte eine weitere quittenverträgliche Birnensorte veredelt, so daß mit dieser Maßnahme die Unverträglichkeitserscheinungen ausgeschaltet wurden. Allerdings, durch diese zusätzliche Zwischenveredlung bedingt, wurde die Kulturzeit um ein Jahr verlängert.

Aus diesem Grunde ersann der Baumschuler Nicolin Anfang der fünfziger Jahre eine Methode, bei der die Zwischenveredlung in einem Arbeitsgang mit der Veredlung der Edelsorte durchgeführt werden konnte.

Das nach seinem Erfinder benannte Nicolieren bzw. die Doppelschildokulation wird folgendermaßen durchgeführt: Zunächst wird, wie bei der Okulation, in die Veredlungsunterlage ein T-Schnitt angebracht von etwa 2–2,5 cm Länge. Anschließend wird von der beabsichtigten Zwischenveredlungssorte – geeignet sind u. a. 'Diels Butterbirne', 'Gellerts Butterbirne', 'Mme. Verté', 'Pastorenbirne' – ein Auge wie bei der Okulation herausgeschnitten und fortgeworfen. Bei dem Herausschneiden des Auges ist am Reis eine Ellipse mit freigelegter Kambiumschicht entstanden. Dieser Bereich wird unterschnitten, wobei eine Scheibe mit einer Stärke von ca. 1,5 mm entsteht. Diese wird jetzt vorsichtig, ohne die angeschnittenen Kambiumschichten zu berühren, hinter den zuvor mit dem Messerrücken (Rindenlöser) gelösten Rindenlappen des T-Schnittes

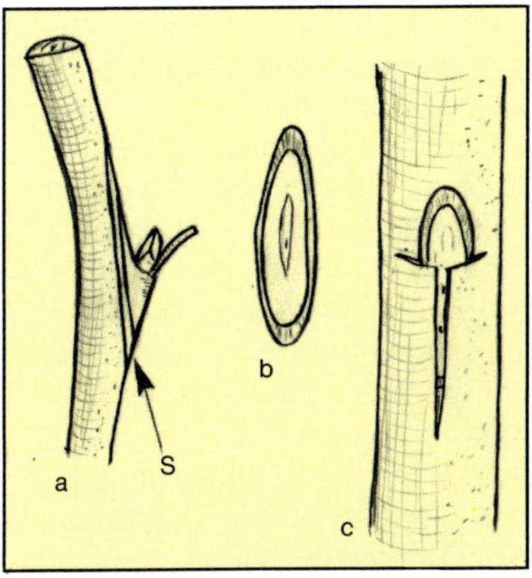

a: Vom Zwischenveredlungsreis wird zuerst ein Auge wie bei der Okulation geschnitten. Anschließend wird ein weiteres Schildchen (S) geschnitten

b: Ausgeschnittenes Schildchen von der Zwischenveredlungssorte

c: Das Schildchen wird in die durch den gelösten T-Schnitt gebildete Tasche geschoben. Anschließend wird das gewünschte Edelauge darüber geschoben und weiter verfahren, wie bei der Okulation beschrieben

an der Unterlage geschoben. Anschließend wird das Auge der Edelsorte vom Reis geschnitten, wie ab S. 78 beschrieben. Dieses Auge wird ebenfalls in die aus den beiden gelösten Rindenteilen gebildete Tasche geschoben, so daß die angeschnittene Rückseite mit dem zuvor eingeschobenen Scheibchen der Zwischenveredlungssorte in Kontakt kommt.
Zuletzt wird der überstehende Teil des eingesetzten Auges in Höhe des Querschnittes an der Unterlage abgetrennt, anschließend von oben nach unten verbunden und, wenn nötig, mit Wachs verstrichen. Dem Anfänger bei der Durchführung von Veredlungen, speziell Okulationen, sei hingegen angeraten, die Veredlungsstelle unter Freilassung des Edelauges zu verstreichen.
Als geeignetste, universell verwendbare Zwischenveredlungssorte bei allen Birnen hat sich die Sorte 'Gellerts Butterbirne' herausgestellt.
Seit Inkrafttreten der »Virusverordnung« im Jahre 1978 werden von Reisermuttergärten überwiegend virusfreie Edelreiser abgegeben. In Kombination mit virusfreien Unterlagen hat sich gezeigt, daß Unverträglichkeitserscheinungen, die bislang zwischen bestimmten Birnensorten und der Quittenunterlage bestanden, nicht mehr auftraten. Sollte sich in der nächsten Zeit bestätigen, daß virusfreie Birnensorten und ebensolche Quittenunterlagen tatsächlich auf Dauer verträglich sind, wird das Nicolieren zu dem in diesem Kapitel beschriebenen Zwecke überflüssig.

Chip-Veredlung

Eine bei uns recht unbekannte Art des Veredelns ist die »Chip-Veredlung«, auch Span-Veredlung oder Chip-budding genannt. In den USA und England wird die Chip-Veredlung schon seit längerem praktiziert, ebenso in Israel, das auf dem landwirtschaftlichen Sektor sehr erfolgreich ist.
Aufgrund gesetzlicher Bestimmungen werden in Israel Citruspflanzen-

a: Dem Edelreis wird durch 2 Schnitte ein Edelauge entnommen
b: Das herausgeschnittene Auge von vorne gesehen
c: Dasselbe Auge von der Seite gesehen
d: Der Unterlage wird ein Span herausgeschnitten, wie dem Edelreis ein Auge entnommen wurde. An dessen Stelle wird das ausgeschnittene Auge gesetzt und mit Bast, Gummiveredlungsband oder PE-Streifen verbunden

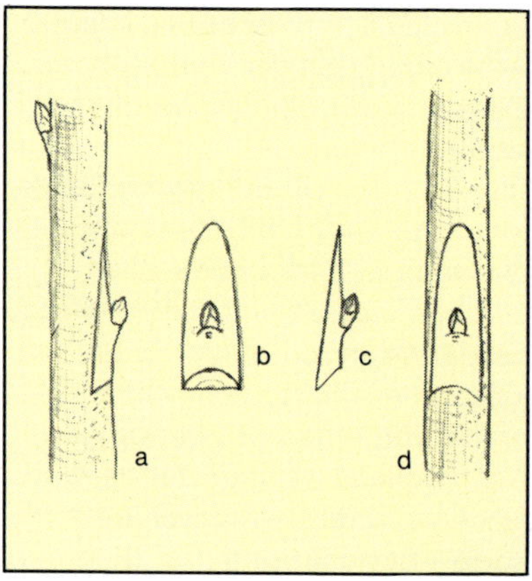

Chip-Veredlung

1 Anschneiden der Unterlage
2 Fertiger Schnitt an der Unterlage
3 Anschneiden des Auges vom Edelreis
4 Angeschnittenes und entnommenes Auge
5 In die Unterlage eingesetztes Auge
6 Verbinden des eingesetzten Auges
7 Fertig mit PE-Streifen verbundenes Auge

1

2

3

4

5

6

7

unterlagen in speziellen Baumschulen in etwa 4–6 Liter großen Foliencontainern angezogen. Die zumeist einjährigen Unterlagen von Dreiblättriger Zitrone *(Poncirus trifoliata)* oder Rauhschaliger Zitrone (Rough Lemon, *C. jambhiri*) werden im März durch Chip-Veredlung mit Augen aus frisch geschnittenen Edelreisern vermehrt. Die Anwachsquote soll bei über 90% liegen.
Im Jahr der Veredlung machen die Pflanzen bereits Triebe von 60 bis 80 cm, die somit ab Spätherbst bereits als einjährige, zumeist unverzweigte Pflanzen verkauft werden können.
Die Chip-Veredlung ist eine Veredlungsart für sich. Sie ist weder vergleichbar mit dem Okulieren, bei dem während der Wachstumszeit ein aus einem Reis der Edelsorte geschnittenes Auge unter die Rinde der Unterlage geschoben wird, noch ist sie vergleichbar mit den Kopulations- und Pfropfmethoden, bei denen der Unterlage ein Reis der Edelsorte eingesetzt wird. Das Chippen, wie die Durchführung dieser Veredlungsart auch genannt wird, ist sowohl ein Okulieren, weil hier der Unterlage ein Auge eingesetzt wird, als auch ein Kopulieren, weil unabhängig von der Lösbarkeit der Rinde diese Veredlung durchgeführt werden kann.
Sicherlich hat das Chippen viele Vorteile, dennoch wird dieses Verfahren die anderen Veredlungsarten nicht ersetzen können. Immerhin bringt dieses Verfahren auch einige Nachteile mit sich, die Berücksichtigung finden müssen. Näheres dazu am Ende dieses Kapitels.
Wie bei der Okulation werden die Triebe der Veredlungsunterlage vor dem Veredlungstermin im Bereich der Veredlungsstelle entfernt, anschließend wird mit einem trockenen Lappen die Unterlage im beabsichtigten Veredlungsbereich gesäubert. Zuvor geschnittene Reiser werden entblättert. An der Unterlage wird gegenüber einem Auge ein nach unten um etwa 30° abgewinkelter Schnitt von ca. 3 mm Tiefe angebracht. Jetzt wird, beginnend ca. 2,5 cm über diesem Einschnitt, ein senkrechter Schnitt geführt, dessen Ende mit dem Ende des ersten Schnittes zusammenfallen soll. Hierbei entsteht ein Span, der fortgeworfen wird. Dem Edelreis wird nunmehr ein Auge entnommen, das genau in die vorhandene Aussparung passen muß.
Hierzu wird etwa 1,5 cm unterhalb des Edelauges ein Schnitt gemacht, der dem ersten Schnitt in die Unterlage entspricht. Dann wird 1 cm über dem Auge das Messer angesetzt, wobei, ebenso wie beim Unterlagenschnitt beschrieben, das Auge keilförmig herausgeschnitten wird.
Bei ordentlicher Durchführung dieser Arbeiten paßt das zurechtgeschnittene Edelauge genau in die keilförmige Öffnung an der Unterlage.

Danach erfolgt ein Verbinden mit Veredlungsgummistreifen. Besonders bewährt hat sich allerdings die Benutzung von 1 cm breiten PE-Streifen (Polyethylenstreifen), die dehnbar sind und den gesamten Veredlungsbereich gut abschließen. Ansonsten muß mit Baumwachs verstrichen werden.
Beim Verbinden wird der Ungeübte bald merken, daß es nicht ganz einfach ist, das Auge fest einzubinden, ohne daß es verrutscht. Aus diesem Grunde ist es oft einfacher, entgegen den Empfehlungen bei der Okulation, diese Veredlungsstelle von unten nach oben zu verbinden. Die Veredlung wächst rasch an und treibt bei Durchführungsterminen im Juli/August erst im nächsten Jahr aus. Der Verband sollte dennoch nach etwa 5–6 Wochen gelöst werden.
Das soeben beschriebene Verfahren ähnelt der Okulation sehr. Aber auch im Winter kann es an Unterlagen »in der Hand« angewandt werden. Hier werden Augen von Edelreisern benutzt, die sich in Winterruhe befinden – genauso wie die zur winterlichen Kopulation benötigten. Die Augen werden ebenso wie beschrieben in die Unterlage eingesetzt, nur ist beim Veredeln in der Hand die Durchführung der Arbeiten vereinfacht: So kann die Unterlage zum besseren Halten des eingesetzten Auges waagerecht gehalten werden, die Arbeiten können im Stehen durchgeführt werden, was wesentlich weniger anstrengend ist als im Hocken, wie es beim Veredeln eingewurzelter Unterlagen in Bodennähe erforderlich ist.
Nach dem Verbinden sollte die Veredlungsstelle mit Baumwachs luftdicht abgeschlossen werden, ebenso alle anderen Schnittstellen. Weiterhin kann die Chip-Veredlung mit gutem Erfolg im zeitigen Frühjahr durchgeführt werden. Hierzu benötigt man Augen von Reisern, die in der Winterruhe geschnitten worden sind. Sie werden im April auf beschriebene Weise in die Unterlagen eingesetzt. Zumeist treiben sie bereits nach wenigen Wochen aus, weil besonders im April die Unterlagen Augen bzw. Reiser besonders gut annehmen. Bei Verwendung von PE-Streifen zum Anbinden der Augen müssen diese natürlich rechtzeitig entfernt werden, damit sie dem austreibenden Auge und die Unterlage durch Einschnürungen oder durch Einwachsen nicht schaden.
Im übrigen werden die Chip-Veredlungen wie Okulationen behandelt: Nach dem Anwachsen bzw. dem Austreiben im Frühling werden die sich über der Veredlungsstelle befindenden Teile der Unterlage bis auf einen Zapfen von etwa 3 oder 4 cm abgeworfen. Verbleibende Augen am Zapfen werden entfernt, der neue Austrieb wird zum Schutz gegen Wind bzw. zur Wachstumsrichtung-Festlegung an ihm festgebunden.

Krautartige und sonstige Veredlungen

Aus verschiedenen Gründen kann es erforderlich sein, daß Gurken, Tomaten oder Melonen auf fremden Wurzelstöcken veredelt werden sollen. So können z. B. Pilzkrankheiten oder Bodenmüdigkeit ein solches Vorgehen erforderlich machen. Besonders bei hochgezüchteten Gurkensorten, hier wiederum bei den langen grünen Schlangengurken, wird das Veredeln auf den Feigenblattkürbis *(Cucurbita ficifolia)* empfohlen. Hierdurch soll eine große Widerstandsfähigkeit gegen die Gurkenwelke *(Fusarium)* erzielt werden, und die Edelsorte wächst besonders üppig. Melonensämlinge können auf den Wachskürbis *(Benincasa hispida,* syn. *Cucurbita hispida)* veredelt werden.
Ein gebräuchliches Veredlungsverfahren stellt das für diesen Zweck einfache Ablaktieren dar. Einen größeren Kontakt verwachsungsfähigen Gewebes beider Veredlungspartner kann durch den zusätzlichen Schnitt einer Gegenzunge erreicht werden. Zur Veredlung der Schlangengurke wird diese im Gewächshaus oder Wintergarten bei etwa 25 °C in einen Topf mit guter Pflanzerde ausgesät, die Unterlage wird ebenso eine Woche später ausgesät. Nach weiteren 2–3 Wochen, wenn sich aus den Samen zwei kräftige Pflanzen entwickelt haben, werden diese mit ihren Töpfen dicht zusammengestellt, um die Veredlung durchführen zu können. Die sich jeweils gegenüber befindlichen Seiten beider Stengel werden in geeigneter Höhe von etwa 15 cm angeschnitten und mit diesen Schnittstellen aneinandergelegt. Befestigt werden beide Veredlungspartner mittels einer oder zweier Veredlungsklammern. Beim Veredeln mit Gegenzungen werden zusätzlich je ein Schnitt in Längsrichtung der Unterlage und der Edelsorte ausgeführt, so daß hierdurch ein inniger Kontakt entsteht.
Bei Anwendung dieser zweiten Veredlungsmethode reicht meistens die Benutzung von Veredlungsklammern zum Festlegen der Vered-

Beide Pflanzen werden mit Gegenzungen veredelt. Verbunden wird mit Bleiband oder mit 1 oder 2 Veredlungsklammern. Zur besseren Anschauung Blätter nicht mitgezeichnet.

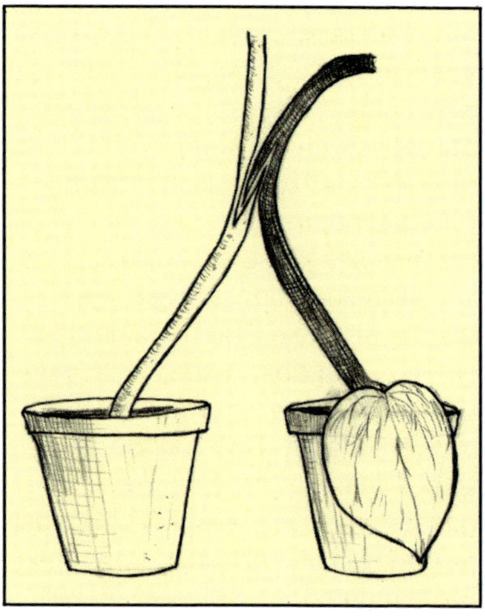

lungsstelle nicht aus. Hier kann spezielle dünne Bleifolie verwandt werden, auch sind Wollfäden oder Haushaltsfolie geeignet.
Ein Verstreichen erübrigt sich, die weitere Kultur muß jedoch im Gewächshaus bei 25 °C–30 °C und hoher Luftfeuchtigkeit erfolgen. Wenn nach gut einer Woche ein Verwachsen erfolgt ist, wird die Unterlage oberhalb der Veredlungsstelle abgeschnitten, die Edelsorte darunter und der Verband oder die Klammer werden entfernt, die Veredlung ist fertig.

Pfropfen von Kakteen

Sukkulente, wie die Kakteen, lassen sich durch Pfropfen vermehren oder erhalten. So ist es möglich, seltene, wurzelkranke Arten auf geeignete Unterlagen zu pfropfen und sie so vor dem Eingehen zu retten. Weiterhin müssen farbige Kakteenmutationen durch Pfropfen vermehrt werden, weil sie ohne Unterlage nicht lebensfähig sind. Dem roten Erdbeerkaktus (*Gymnocalycium mihanovichii* var. *friedrichii*) sowie dem gelben Bananenkaktus *(Chamaecereus silvestrii)* fehlt durch Mutation des Erbmaterials das Blattgrün, so daß sie nur auf einer Unterlage überlebensfähig sind. Allerdings kann die Pfropfung so tief erfolgen, daß die Unterlage nicht mehr erkennbar ist und so der Eindruck erweckt wird, als stünde die farbige Variante auf eigener Wurzel. Ferner kann durch Pfropfen ein schnelleres Blühen bei Kakteen erreicht werden, die sonst hierfür viele Kulturjahre brauchen würden.
Als Pfropfunterlagen sind eigentlich alle kräftig wachsenden Arten geeignet, so zum Beispiel *Cereus peruvianus, Eriocereus, Trichocereus, Opuntia, Pereskia* und *Selenicereus.* Die günstigste Zeit des Pfropfens liegt zwischen Mai und August, gleichwohl sind nötigenfalls auch die übrigen Monate zu diesem Zweck geeignet. Hat man jedoch die Auswahl, wähle man den späten Frühling oder Sommer, weil dann die Pflanze voll im Trieb steht und das Anwachsen recht problemlos vonstatten geht.
Die einfachste und verbreitetste Pfropfmethode ist die Horizontalpfropfung. Hierzu wird an der eingewurzelten Unterlage in dessen frischerem Bereich – also weder im tiefer gelegenen verholzten Teil der Pflanze noch im jüngsten, obersten Teil – mit einem waagerechten Schnitt der Oberteil der Unterlage entfernt. Hierbei wird der für die meisten Kakteenarten und Sorten typische Querschnitt und die Leitbündelringe sichtbar.
Eventuell vorstehende Rippen werden durch Schrägschnitt abgeflacht, störende Stacheln werden abgeschnitten.
Ebenso wird der Pfröpfling zugeschnitten. Auch an ihm sind die Leitbündelringe erkennbar.
Jetzt wird der Pfröpfling von der Seite unter leichtem Druck auf die

Gepfropfte Kakteen, Mitte: Cristata-Form von *Pilocereus*, rechts: *Lophophora williamsii.* Einige Kakteen können nicht auf eigener Wurzel kultiviert werden (*Gymnocalycium mihanovichii* var. *friedrichii, Chamaecereus silvestrii*) oder gedeihen nur schlecht *(Lophophora williamsii).* In diesen Fällen wird auf eine geeignete Unterlage veredelt.

angeschnittene Unterlage geschoben, damit weder Luft- noch Schmutzeinschlüsse ein Verwachsen an der Pfropfstelle behindern können. Als nächster Schritt ist das Festsetzen der Pfropfpartner durchzuführen. Hierzu gibt es viele Möglichkeiten. So ist im Fachhandel ein spezielles Gerät erhältlich, mit dem durch einen in der Höhe verstellbaren waagerechten Stab, der an einem Stativ angebracht ist, der gewünschte und erforderliche leichte Druck auf den Pfröpfling eingestellt werden kann. Weitaus preiswerter und auch recht einfach hingegen ist das Umschnüren des Pfröpflings und der Topfunterseite mit einem Kunststoffaden oder mit Gummibändern.

Kakteenbäume

Durch Pfropfungen können auf geeigneten Unterlagen auch beson-

dere »Kakteenbäume« hergestellt werden, z. B. durch »Spaltpfropfung« vom Osterkaktus (*Rhipsalidopsis* bzw. *Hatiora*) auf eine kräftig wachsende, schlanke Unterlage wie z. B. *Pereskia aculeata.*
Hierzu wird die Unterlage auf die gewünschte Höhe eingekürzt und in der Mitte etwa 3 cm tief gespalten. Ein oberstes Glied wird vom Osterkaktus abgenommen und mit einem sehr scharfen Messer passend geschnitten, die obere Hautschicht wird abgeschabt. Nun wird der so vorbereitete Pfröpfling in den Spalt geschoben und mit 1 oder 2 Kaktusstacheln oder Messingnadeln vor dem Verrutschen festgesetzt.
Die fertigen Kaktuspfropfungen nach beiden beschriebenen Methoden brauchen nicht mit Wachs verstrichen zu werden. Sie müssen allerdings nach Durchführung der Arbeiten hell und warm (ca. 25 °C) aufgestellt werden, damit die Pflanzen zügig weiterwachsen und die Pfröpflinge angenommen werden.
Nach der Verwachsung der beiden Pfropfpartner muß die Halterung, die Pfröpfling und Unterlage zusammengehalten haben, entfernt werden. Dieses wird zumeist nach etwa 14 Tagen der Fall sein.
Eine weitere bei manchen Pflanzen angewandte, bei uns jedoch nicht häufig anzutreffende Veredlungsart ist das Sattelpfropfen.
In den USA wird mit dieser Methode Flieder auf Liguster veredelt.
Unterlage und Edelreis sollten möglichst gleich stark sein. Die Unterlage wird ca. 2 cm keilförmig zugeschnitten, wobei die spitze Seite nach oben weist. Der untere Teil des Edelreises muß mit einem scharfen Messer sauber und glatt zugeschnitten werden. Anschließend wird er mittig in Längsrichtung etwa 2 cm gespalten und mit dem Messer ein wenig auseinandergedrückt. Hierdurch ist es zumeist problemlos möglich, das Edelreis mit dem Schnitt auf den Keil zu drücken und somit eine innige Verbindung beider Veredlungspartner ohne weitere Gewebeverletzung herzustellen.
Schließlich muß darauf geachtet werden, daß die Rindenflächen auf beiden Seiten der fertigen Veredlung übereinander liegen, damit ein gutes und schnelles Verwachsen gewährleistet ist.
Ist das Edelreis im Durchmesser wenig schwächer als die Unterlage, muß mindestens eine Seite der Veredlung bündig aneinanderliegen.
Die Veredlung ist anschließend mit Bast oder Gummiveredlungsband festzulegen und mit Baumwachs zu verstreichen, ebenso die obere Schnittfläche des 2–4 Augen tragenden Edelreises, wenn es sich nicht um eines mit einer Endknospe handelt.
Wegen der großen verwachsungsfähigen angeschnittenen Kambiumzone des Edelreises erbringt diese Veredlungsart ein gutes Anwachsergebnis.

Hochstammanzucht von Obstgehölzen

Die Anwendung der verschiedenen beschriebenen Veredlungsarten kann mannigfaltig erfolgen. Veredlungen direkt in den Wurzelhals werden häufig bei Rosen vorgenommen. Veredlungen in die Krone oder in einer bestimmten Höhe werden bei verschiedenen Ziergehölzen und bei Obstbaum-Hochstammveredlungen durchgeführt.
Die Hochstammanzucht von Kernobst muß von Anfang an geplant werden. So ist die Wahl der richtigen Veredlungsunterlage maßgeblich für den späteren Erfolg.
Bei Äpfeln z. B. sind Sämlingsunterlagen wie 'Bittenfelder Sämling' oder 'Grahams Jubiläum', weiterhin die virusfreien, vegetativ vermehrten Unterlagen A 2 und M 11 geeignet. Diese Unterlagen werden im Sommer wie beschrieben okuliert.
Im übernächsten Winter werden die bis dahin gewachsenen, zumeist unverzweigten einjährigen Okulationen um $^1/_4$ bis $^1/_3$ eingekürzt; und zwar über einem Auge, das zur Veredelungsstelle weist. Man läßt zusätzlich einen 10 cm langen Zapfen stehen. Die Augen des als Zapfen vorgesehenen Triebstückes werden herausgeschnitten. Der sich im Frühling des nächsten Jahres bildende Neutrieb wird am Zapfen angeheftet, damit eine gerade, senkrechte Stammverlängerung entstehen kann. Das Anheften geschieht mit Bast oder mittels des handlichen »Max-Tapeners«, einer Handmaschine zum Anheften von Trieben. Allerdings können mit den Kunststoffschlaufen keine großen Kräfte übertragen werden. Bereits krumme, z. T. verholzte Triebe lassen sich mit diesem Handgerät nicht noch geradebiegen und anheften. Hier würde das Kunststoffband an der Heftstelle zerreißen.
Im Laufe des Jahres bilden sich, angeregt durch den winterlichen Rückschnitt, auch Seitentriebe, die für ein besseres Dickenwachstum des Stammes sorgen. Im Sommer wird der Zapfen mit einer kräftigen Hippe oder einer geeigneten Schere abgeschnitten, der angebundene Trieb wird seine Wuchsrichtung beibehalten. Ist bereits die gewünschte Stammhöhe erreicht, wird im folgenden Winter der sich darüber befindende Trieb auf die gewünschte Höhe plus 6 Augen zurückgeschnitten.
Aus diesen 6 Augen wird nunmehr die Krone aufgebaut. Wenn beabsichtigt ist, der Krone einen Mitteltrieb zu geben, ist es häufig vorteilhaft, zusätzlich zu den erwähnten 6 Augen weitere 10 cm blindzuschneidenden Zapfen stehen zu lassen, damit der Mitteltrieb im nächsten Jahre wieder angebunden werden kann.
Vom Seitenholz des Stammes, das in der zurückliegenden Vegetationsperiode gebildet wurde, werden die kräftigsten Triebe auf Astring weg-

geschnitten. Die anderen Triebe werden auf 5–10 cm eingekürzt, weil von diesem Seitenholz im nächsten Jahr eine bessere Ernährung und eine weitere Förderung des Dickenwachstums ausgeht.
Ist in diesem Winter die erforderliche Höhe noch nicht erreicht worden – Hochstämme sollten eine Höhe von 1,80–2 m aufweisen, Halbstämme von 1,40–1,60 m und Viertelstämme von 0,80–1 m – muß wie zuvor beschrieben, die Edelsorte ein weiteres Jahr nach erneutem winterlichen Rückschnitt kultiviert werden.
Man sieht, daß die Anzucht von Hochstämmen recht zeitaufwendig ist, gerechnet werden muß mit mindestens 3 Jahren.
Sollte die Veredlung nicht durch Okulation, sondern durch winterliche Kopulation erfolgt sein, wird ebenso verfahren. Nur muß beachtet werden, daß sich aus dem Edelreis oft mehrere Triebe bilden. Zur weiteren Kultur ist natürlich nur der kräftigste zu verwenden.
Es gibt einige Apfelsorten, die selbst keinen guten Stamm ausbilden. In diesem Fall sollte ein Stammbildner zwischengeschaltet werden. Hier wird statt der Edelsorte die Stammbildnersorte im Sommer auf die Unterlage okuliert oder im Winter kopuliert.
Als Stammbildner, also besonders kräftig und gerade wachsend, sind folgende Apfelsorten geeignet:
'Jakob Fischer'
'Hibernal'
'Maunzen-Apfel'
'Pommes d'Or'
Apfelsorten, die nur schwerlich gerade Stämme ausbilden und somit zur Anzucht als Halb- oder Hochstämme einen Stammbildner benötigen, sind u. a. die Sorten:
'Cox Orange'
'Jakob Lebel'
'James Grieve'
'Laxtons Superb'
'Ontario'
'Rote Sternrenette'
'Freiherr von Berlepsch'
Die Stammbildnersorten werden ebenso zu Stämmen kultiviert, wie zuvor beschrieben. Nach Erreichen der gewünschten Höhe werden sie abgeworfen und im späten Winter mit einem Reis der Edelsorte, das etwa 6 Augen zum Aufbau der Krone haben sollte, kopuliert.
Im folgenden Herbst ist die einjährige Krone fertig.
Diese Anzuchtmethode gilt sinngemäß für alle Kernobstsorten und Pflaumen.

Die Hochstammanzucht von Kirschen geschieht gewöhnlich durch Veredeln auf die Unterlage in Kronenhöhe. Die Unterlagen werden, im Gegensatz zu denen des Kernobstes, durch die Endknospe gezogen; ein Rückschnitt findet also nicht statt. Hat die Unterlage – üblich *Prunus avium* oder *Prunus avium* 'Hüttners Hochzucht' sowie *Prunus avium* F 12/1 – die erforderliche Höhe erreicht, wird durch Kopulation ein Reis der Edelsorte aufveredelt. Das Reis sollte mehrere Augen haben, damit sich in der folgenden Vegetationsperiode bereits eine fertige Krone aufbauen läßt. Ebenfalls ist Okulation in Kronenhöhe möglich.

Umpfropfen und Kronenveredlung

Das Umpfropfen von Obstbäumen hat nicht mehr die Bedeutung, die es früher einmal innehatte. Durch die große Auswahl unterschiedlicher Veredlungsunterlagen und durch das Wissen über die Eigenschaften der meisten Obstsorten können von Anfang an zum Aufpflanzen geeignete Gehölze gewählt werden. Die vorgegebenen Standortbedingungen finden also durch geeignete Auswahl der Bäume Berücksichtigung. Dennoch kann es hin und wieder sinnvoll sein, Umpfropfungen und Kronenveredlungen durchzuführen. Zu den Gründen zählen u. a. schwacher Fruchtertrag, ungenügende Fruchtqualität, nicht mehr befriedigende Sorte, im Erwerbsanbau veränderte Sortennachfrage, neuer Kronenaufbau z. B. nach Windbruch, Hinzuveredeln einer Bestäubersorte. Vor der Durchführung der recht aufwendigen Pfropfarbeiten sollte man sich überlegen, ob sich die Maßnahmen lohnen.

Dieses ist z. B. nicht der Fall, wenn der Baum zu alt ist, wenn Krankheiten den Baum befallen haben, z. B. erkennbare Virosen oder übermäßiger Obstbaumkrebs, wenn der Standort ungünstig ist (stauende Nässe) oder wenn der Baum völlig ungepflegt und verwachsen ist.
In diesen Fällen sollte von einem Umpfropfen Abstand genommen werden. Sprechen die Fakten für das Umpfropfen, muß bereits im Winter mit den vorbereitenden Arbeiten begonnen werden.
Die Hauptäste der Krone sowie der Mittelast sind in einer zuvor bestimmten Höhe abzuwerfen. Dabei ist zu beachten: Je höher die Äste stehenbleiben, desto mehr Veredlungen müssen durchgeführt werden. Je stärker die Äste weggenommen werden, desto weniger Reiser werden zum Aufbau einer neuen Krone benötigt. Allerdings setzt der Ertrag der neuen Sorte im zweiten Fall erst deutlich später ein.
Günstig ist ein »Mittelding«, das von Baum und Krone individuell abhängig ist. Die abzuwerfenden Äste werden in einem Winkel von etwa 60° zueinander entfernt, wobei der Mitteltrieb natürlich die höchste Stelle darstellt. Bei dem winterlichen Rückschnitt ist zu berücksichtigen, daß die Pfropfköpfe mit einem »Sicherheits-Astzylinder« versehen werden müssen, die ein Austrocknen bis zum Pfropfen im zeitigen Frühjahr verhindern. Diese Sicherheitszylinder werden erst kurz vor

den Veredlungsarbeiten abgeworfen. (Kirschen können auch im Sommer umgepfropft werden.) Durch das Zurückschneiden großer Teile der Krone wird auch ein großer Teil der Reserven des Baumes mit fortgeschnitten. Um dennoch ein gutes Anwachsen der Veredlungsreiser zu gewährleisten, müssen in der verbliebenen »Restkrone« sogenannte Zugäste verbleiben, die durch ihre Blätter im Frühjahr eine ausreichende Ernährung und den Stoffwechsel des Baumes sicherstellen. Diese Zugäste sollten schwächere Zweige sein, sie dürfen keinesfalls in Konkurrenz zu den einveredelten Edelreisern stehen.
Im März oder April werden die vorbereiteten Pfropfköpfe nachgeschnitten. Anschließend werden die kühl gelagerten (siehe S. 47 ff.) und sich noch in Ruhe befindenden Edelreiser auf die Pfropfköpfe veredelt.
Besonders geeignete Methoden sind das Rinden- und Tittelpfropfen. Sollte sich bei Durchführung der Arbeiten herausstellen, daß die Rinde der Unterlage nicht im erforderlichen Maße löst, muß das Geißfußpfropfen angewandt werden.
Kräftigen Ästen können mehrere Edelreiser einveredelt werden, wobei sich eines an der oberen Seite der Unterlage befinden sollte. Bedenken Sie außerdem, daß Vögel die abstehenden Reiser und jungen Austriebe gerne als Sitzplatz benutzen. Um zu verhindern, daß die Veredlungen abbrechen oder abknikken, sollte ein Drahtbogen oder ähnliches um den Pfropfkopf gelegt werden.
Nach dem Anwachsen der Reiser wird im nächsten Winter bei Mehrfachveredlung gewöhnlich nur der kräftigste Trieb belassen, die anderen Edelreiser werden vorerst auf 2 Augen zurückgeschnitten (zur Förderung der Wundverheilung). Auch die Zugäste werden nicht sofort weggeschnitten, sondern langsam innerhalb von 2–3 Jahren, abhängig von der neu entstandenen Krone. Sie sorgen weiterhin mit der einveredelten neuen Sorte für die Ernährung des Baumes.

Hochstammanzucht von Ziergehölzen

Laubgehölze werden erforderlichenfalls nach den beschriebenen Veredlungsverfahren im Gewächshaus oder im Freien veredelt. So okuliert man z. B. verschiedene Ahornarten auf Sämlinge der Art in Kronenhöhe von Juli bis August. Auch Kopulation oder andere winterliche Veredlungsverfahren sind geeignet. Viele weitere Laubgehölze können durch Kopulation oder Pfropfen vermehrt werden; die verschiedenen Arten und die geeigneten Unterlagen entnehmen Sie bitte der Tabelle auf S. 40.
Die jungen Veredlungen werden auf Zapfen zurückgeschnitten und in

Speierling *(Sorbus domestica)* auf Birne *(Pyrus communis)*

den folgenden Jahren wie bei Obsthochstämmen beschrieben weiterkultiviert. Man bindet die im Frühling antreibenden Veredlungen an den Zapfen, um einen geraden Wuchs zu erzielen. Wenn nur schwer ein gerader Stamm zu erziehen ist, kann es durchaus erforderlich sein, den Neuaustrieb an einen entsprechend langen Pfahl zu befestigen. Im Winter wird wiederum zurückgeschnitten, die stärksten Seitentriebe auf Astring entfernt und die übrigen auf 5–10 cm eingekürzt, damit das Dickenwachstum des Stammes gefördert wird. Nachdem die gewünschte Höhe erreicht ist, erfolgt ein Anschneiden der Krone. Aus den oberen austreibenden Augen wird die Krone aufgebaut.
Im Sommer entfernt man den Konkurrenztrieb (Afterleittrieb) und schneidet die darunterliegenden Triebe zurück.
Wenn die Krone die erforderliche, gewünschte Form entwickelt hat, wird im Spätsommer aufgeastet. Hierbei werden alle dem Stamm entspringenden Seitentriebe auf Astring weggeschnitten und die Wunden mit Baumwachs verstrichen.
Gehölzarten mit starker Gipfelknospe werden zur Anzucht nicht zurückgeschnitten, ebenso wird hier die Krone nicht angeschnitten. Zu solchen Pflanzen gehören u. a. *Acer saccharinum, Aesculus hippocastanum, A. carnea, Fagus, Juglans regia, J. nigra, Liriodendron, Prunus avium, Sorbus* u. a.

Veredeln der Rosen

Sehr beliebt ist das Veredeln von Rosen. Im Herbst oder zeitigem Frühjahr werden die zur Rosenveredlung vorgesehenen Unterlagen aufgepflanzt. Geeignete Unterlagensorten siehe Seite 38.
Veredlungsunterlagen für Rosen können von spezialisierten Versandbaumschulen bezogen werden. Ist das nicht möglich, können Sie Rosensämlinge auch selbst durch Samen aus Hagebutten der Hunds-

Floribundarose 'Orange Meillandina'

rose *(Rosa canina)* ziehen.
Bessere Keimergebnisse erzielt man, wenn man die Samen vorher sortengerecht stratifiziert, d. h. in Sand oder einem Sand-Torfgemisch über mehrere Wochen feucht und kühl lagert (2–4 °C).
Die aufgeschulten und angehäufelten Sämlinge sollten zum Veredlungszeitpunkt, etwa August bis Anfang September, am Wurzelhals schon bleistiftstark sein. Werden zum Aufschulen im Herbst oder Frühjahr nur schwache Sämlinge genommen, etwa solche mit einer Stärke von 3–4 mm am Wurzelhals gemessen, kann durchaus ein weiteres Kulturjahr empfehlenswert sein, um okulationsfähige Unterlagen zu erhalten.
Die zum Veredeln vorgesehenen Edelreiser werden kurz vor dem Verarbeiten geschnitten und von den Blättern befreit. Allerdings dürfen die Blätter nicht einfach durch rückwärtiges Abstreifen entfernt werden – hierbei könnten die Augen Schaden nehmen und nicht mehr anwachsen, sie müssen mit einem scharfen Messer oder einer Schere abgeschnitten werden. Geeignet sind außerdem nur Reiser mit gut entwickelten, ausgereiften Augen, weil diese am sichersten anwach-

sen. Auch sollen die Augen von Reisern wirklich vermehrungswürdiger, gesunder Pflanzen stammen. Große Rosenschulen ziehen ihre Mutterpflanzen unter kontrollierten Bedingungen in Gewächshäusern, so stehen auch über einen längeren und gewünschten Zeitraum Augen zum Veredeln zur Verfügung. Veredelt wird durch Okulation, wie es auf den Seiten 78–84 beschrieben wurde.

Nach dem Veredeln wird wieder angehäufelt. Manche Gärtner häufeln im Herbst noch einmal ab, um die nach etwa 14 Tagen angewachsenen Augen abzuhärten. Im Spätherbst wird wieder angehäufelt, um die eingesetzten Augen vor den winterlichen Frösten und einem vorzeitigen Austreiben zu schützen.

Im folgenden Frühjahr, Anfang März, wird wiederum abgehäufelt und die Unterlage etwa 1 cm über der Veredlungsstelle abgeworfen. Die Schnittstelle wird mit einem guten Wundverschlußmittel versehen.

Im Laufe der nun folgenden Vegetationsperiode wird das eingesetzte und angewachsene Auge austreiben, wobei nach Erscheinen des dritten Blattes die Spitze pinziert werden muß, damit sich die Pflanze gut verzweigt. Zwischendurch ist immer wieder das Entfernen von Wildtrieben erforderlich (auch »Räubern« genannt), um die ganze Kraft des Wurzelstockes der Edelsorte zukommen lassen zu können.

Die Anzucht von Hochstammrosen beginnt mit dem Aufschulen der hierfür erforderlichen Veredlungsunterlagen.

Dazu werden heute fast ausschließlich *Rosa canina* 'Pfänders' und 'Pollmeriana' genommen, weil sie besonders gute und glatte Stämme ausbilden. Die erforderliche Kulturzeit ist abhängig von der Stärke der Aufschulware. Meistens dauert sie 1–2 Jahre. Bildet die Unterlage mehrere Stämme, werden bis auf den kräftigsten alle anderen weggeschnitten.

Einige Wochen vor dem Veredlungszeitpunkt im August werden alle Seitentriebe entfernt. So entsteht ein kräftiger Saftstrom zur Krone, dadurch löst sich die Rinde leichter und die Edelaugen werden gut angenommen.

Die Okulation wird in der gewünschten Höhe durchgeführt, und zwar in 60 cm Höhe für Rosenhalbstämme, in 90 cm Höhe für Rosenhochstämme sowie in 140 cm Höhe für Trauerstämme.

Für Stammrosen werden als Edelsorte Augen von guten Teehybriden, für Trauerstämme werden Kletterrosen genommen.

Die Okulation wird durchgeführt, wie zuvor schon beschrieben. Um schnell eine gute Krone zu erhalten, ist es empfehlenswert, 2 Augen gegenüberliegend im Abstand von etwa 3 cm an den mindestens 5 mm starken Stamm auf gewünschter Höhe einzusetzen.

Die Okulationen werden mit Okulationsschnellverschlüssen oder konventionell verbunden. Besteht die Gefahr, daß die Veredlungsstelle mit einer dort Eier ablegenden Gallmückenart befallen wird, so sollte mit Wachs verstrichen werden.
Etwa 10–14 Tage nach der Okulation sind die Augen angewachsen, treiben jedoch noch nicht aus. Das Anwachsen sollte kontrolliert werden, denn wenn ein eingesetztes Auge vertrocknet ist, kann zumeist nochmals nachokuliert werden, weil die Rinde oft noch löst.
Die Krone der Veredlungsunterlage wird im Herbst eingekürzt. Zum Überwintern wird der Stamm umgebogen (siehe auch S. 123). Wurden mehrere Rosenstämme veredelt, so ist ein Abstand von Stamm zu Stamm von etwa 1 m zu wählen. Beim Niederlegen wird der erste Stamm festgelegt, die anderen Stämme können an dem jeweils vorigen niedergelegten Stamme befestigt werden. Anschließend wird alles mit Erde bedeckt.
Im Frühjahr wird die Krone auf Zapfen zurückgeschnitten. Die aufgerichteten Stämme werden mit dem Zapfen an einem quergespannten Seil befestigt, sofern sie nicht zuvor schon gestäbt worden sind. Die jetzt austreibenden Augen müssen nach dem fünften oder sechsten Auge pinziert werden, damit sich eine gute Verzweigung einstellt. Auch das Verwachsen an der Veredlungsstelle wird dadurch zusätzlich gefördert. Nach dem Entstehen von Seitentrieben wird mit diesen ebenso verfahren.
Der kräftigste Kronentrieb kann am Zapfen angeheftet werden, wodurch sowohl der Kronenaufbau beeinflußt werden kann, als auch ein Schutz vor einem Abbrechen bei starkem Regen, Sturm oder Hagel gegeben wird. Im folgenden Herbst oder Frühjahr wird der Zapfen entfernt, der Rosenhoch- oder Trauerstamm ist fertig.

Veredeln von Kübelpflanzen

Viele unterschiedliche Kübelpflanzen werden vegetativ durch Veredlung vermehrt, weil nur so ihre gewünschten Eigenschaften weitergegeben werden können. Auch führt eine Veredlung oft schnell zu blühenden und fruchtenden Pflanzen.
Die meisten südländischen (mediterranen) Nutz- und Ziergehölze können auch bei uns in Kübelkultur erfolgreich kultiviert werden. Diese Art der Kultur hat zudem noch den großen Vorteil, daß die Pflanzen zu jeder Jahreszeit optimal plaziert werden können und uns daher auch mit ihren exotischen Früchten und Blüten erfreuen.
Sogar manche tropische Arten gedeihen durch ihre »Mobilität« in den Kübeln recht problemlos, wenn wir den wichtigsten Ansprüchen der Pflanzen genügen können.

Südländische Nutz- und Zierpflanzen

Die xenovegetative Vermehrung (durch Veredlung) dieser Pflanzen geschieht meistens mit Edelreisern bzw. Augen auf Sämlingen der entsprechenden Art; so verwachsen beide Veredlungspartner am sichersten. Gleichwohl ist es auch manchmal möglich, Pflanzen unterschiedlicher Gattungszugehörigkeit, wie z. B. *Poncirus* und *Citrus,* zusammenzuveredeln. Hier hat sich das Veredeln von Gehölzen beider Gattungen miteinander sogar sehr bewährt und wird zur Erzielung kleinbleibender und frühfruchtender Büsche oder kleiner Bäumchen kommerziell in den Citrusfrucht-Anbauländern angewandt.
Die folgende Übersicht soll einige Kübelpflanzen und deren Vermehrung aufzeigen. Auch ist jeweils vermerkt, welches die geeignete Veredlungsunterlage ist, sowie welche Veredlungsmethode anzuwenden ratsam ist.
Die erforderlichen Edelreiser sind oft über Botanische Gärten, Gartenbaumschulen und Gartencenter erhältlich. Ferner können Reiser aus mediterranen Urlaubsländern mitgebracht werden, sofern Zollvorschriften dem nicht entgegenstehen.

Avocado *(Persea americana)*

Die Avocado gehört zu den Lorbeergewächsen *(Lauraceae)* und läßt sich leicht durch Aussaat der großen Kerne vermehren. Die Kulturformen der Avocado werden ausschließlich durch vegetative Vermehrung herangezogen, Sämlinge kommen kaum zur Blüte und haben lediglich eine Bedeutung als Veredlungsunterlage.
Durch Veredeln dieser Sämlingsunterlagen ist es jedoch möglich, schwächerwüchsige Pflanzen zu erhalten, die bereits nach 3 oder 4 Kulturjahren im Kübel blühen können und dadurch zusätzlich im Wuchs gebremst werden. Die interessanten, kleinen doldenähnlichen Blüten verleihen der im Gewächshaus oder Wintergarten kultivierten Pflanze ein ansprechendes Aussehen, hingegen wird ein Fruchten selten erzielt werden. Es sei denn, man besitzt Sorten verschiedener Typen, um eine gegenseitige Bestäubung zu sichern.

Avocado *(Persea americana)*

Die Veredlungsmethode, die in Anbauländern dieser immer beliebter werdenden Frucht häufig angewandt wird, ist das Sattelpfropfen (S. 93) und die Kopulation (S. 51).Edelreiser der Kulturformen von Avocadopflanzen sind nur schwer zu erhalten. Man frage in Botanischen Gärten an, möglich ist auch das Mitbringen von Edelreisern aus Reisen in Anbaugebiete dieser Pflanzen (Israel, Kenia, viele asiatische und amerikanische Staaten).

Azaroldorn *(Crataegus azarolus)*
Ein überaus interessantes und bei uns als Kübelpflanze geeignetes Gehölz ist der Azaroldorn oder die Welsche Mispel.
Diese zu den Rosengewächsen gehörende *Crataegus*-Art bildet nach reicher Blüte viele kleine apfelähnliche Früchte, gelb mit roter Backe, die schmackhaft sind und sowohl frisch verzehrt als auch verarbeitet werden können.
Seinen hohen Zierwert verdankt er aber auch seinen sehr langen Dornen, die ihn im Winter in unbelaubtem Zustand zu einer bizarren ansehnlichen Kübelpflanze machen.
Die großfruchtigen und reichblühenden Sorten werden auf Sämlinge der Art oder auf *Crataegus monogyna* (Weißdorn) veredelt. Winterhandveredlungen durch Kopulation sind einfach durchzuführen (siehe S. 51). Weiterhin möglich ist die sommerliche Okulation auf das schlafende Auge (siehe S. 79), jedoch sollten in diesem Falle die Unterlagen in Containern kultiviert worden sein, damit nicht die jungen Veredlungen durch das sonst erforderliche herbstliche Roden beschädigt werden.
Die Beschaffung geeigneter *Crataegus*-Sämlinge ist kein Problem – häufig wachsen Weißdorn-Sämlinge unter ausgewachsenen Pflanzen.
Die Edelreiser können problemlos **im Winter** aus südeuropäischen Urlaubsländern mitgebracht werden.

Citruspflanzen *(Citrus)*
Immer beliebter wird die Kultur von verschiedenen Arten und Sorten der Gattung *Citrus* aus der Familie der Rautengewächse *(Rutaceae),* weil diese Pflanzen sowohl einen hohen Dekorationswert während des ganzen Jahres durch ihre große, beinahe ganzjährige Blütenpracht haben als auch durch ihre schmackhaften Früchte eine wertvolle Nutzpflanze darstellen.
Das Ausreifen vieler Citrusfrucht-Sorten dauert länger als ein Jahr, daher sind an älteren Pflanzen oft alle Stadien der Fruchtreife zu erkennen: Von den Knospen über die stark und angenehm duftenden Blüten, über grüne, unreife Früchte bis hin zu reifen gelben Zitronen oder orangeroten Apfelsinen und stark duftenden, kernreichen gelbroten Mandarinen. Viele Sorten aus den Citrusplantagen können auch bei uns kultiviert werden.

Die Kulturformen von Zitronen *(Citrus limon),* Apfelsinen *(Citrus sinensis),* Limetten *(Citrus aurantiifolia),* Limequat *(Citrus aurantiifolia × Fortunella japonica)*, Süßer Limette *(Citrus limetta),* Chinotto *(Citrus aurantium* var. *myrtifolia),* Bergamotte *(Citrus aurantium* ssp. *bergamia),* Grapefruit *(Citrus paradisi),* Mandarine *(Citrus reticulata),* Clementine *(Citrus nobilis)* und Kumquat *(Fortunella japonica)* sowie vieler anderer Hybriden können allerdings nur vegetativ vermehrt werden. Hierzu wird in den Anbauländern dieser Pflanzen fast überwiegend die Veredlung angewandt. Eine Ausnahme bildet die Calamondinorange (× *Citrofortunella mitis,* syn. *Citrus microcarpa*), die auch über Stecklinge bei hoher Temperatur und Luftfeuchtigkeit vermehrt wird. Allerdings stehen durch Veredlung vermehrte Pflanzen erheblich besser auf der Wurzel.
Veredeln Sie Citruspflanzen auf Sämlinge der Gattung. Besonders empfehlenswert, sowohl für den Hobbygärtner als auch für professionelle Kübelpflanzenzüchter, ist für alle Citrusarten und -sorten sowie für Kumquat die Veredlung auf Bitterzitrone *(Poncirus trifoliata),* auch Dreiblättrige Zitrone genannt. Bei Verwendung dieser Pflanze als Unterlage stellt sich recht schwa-

Oben: Chinotto *(Citrus aurantium* var. *myrtifolia)*
Unten: Zitrone *(Citrus limon)*

cher Wuchs ein, der der Edelsorte zu frühem Blühen und Fruchten verhilft.
Ein weiterer Vorteil ist die gute Frosthärte der Unterlage. Im Gegensatz zu Kultursorten verträgt die Unterlage Frost bis zu –20 °C. So ist es immerhin möglich, einige Citrus-Kübelpflanzen, die auf dieser Unterlage veredelt sind, im Freien zu kultivieren, bis die ersten Bodenfröste auftreten.
Zur Anzucht von Stämmchen werden Sämlinge der Pomeranze *(Citrus aurantium)* verwandt, weil sie schöne gerade Stämme ergeben und sehr wüchsig sind.
Weiterhin können Hobbygärtner Pflanzen aus Samen verschiedener Citrusfrüchte als Unterlage verwenden, weil sie verträglich mit den Edelreisern sind.
Eine erfolgreiche und bewährte Veredlungsmethode für Citruspflanzen ist die Chip-Veredlung. Hierzu wird, wie ab S. 86 beschrieben, lediglich ein Auge der Edelsorte benötigt, das in die Unterlage eingesetzt wird. Weiterhin ist bei geeigneten Veredlungspartnern das Geißfußpfropfen, Anschäften, Kopulieren mit Gegenzungen sowie das Spaltpfropfen anwendbar. Werden die jungen Veredlungen unter eine durchsichtige Plastikhaube gestellt, steigt die Anwachsquote erheblich. Edelreiser sind oft erhältlich in Botanischen Gärten oder – gut und feucht verpackt und entblättert – aus südlichen Urlaubsländern.

Kumquat *(Fortunella japonica)* wird mit der süßen Schale gegessen.

Feijoa *(Feijoa sellowiana)*

Die Brasilianische Guave gehört zur großen Familie der Myrtengewächse *(Myrtaceae)*. Sie ist eine besonders schöne tropische Kübelpflanze, die sowohl durch ihre großen, weiß-rötlichen Blüten als auch durch ihre duftenden, schmackhaften, länglichen Früchte großen Schmuck- und

Brasilianische Guave *(Feijoa sellowiana)*

Nutzwert hat. Die Vermehrung großfruchtiger Kultursorten wie 'Mammouth' und 'Triumph' erfolgt über Veredlung auf Sämlinge der Art durch Anplatten oder Kopulation (S. 57 und S. 51).

Jujube *(Ziziphus jujuba)*
Die Jujube gehört zu den Kreuzdorngewächsen *(Rhamnaceae)*. Sie ist ein stark bedornter Busch oder kleiner Baum, der zur Kübelkultur gut geeignet ist. Nach der Blüte im Frühling – die Pflanze bildet kleine, grünlichgelbe sternförmige Blüten aus – entwickeln sich die Früchte, die wegen ihrer Form auch Chinesische Datteln genannt werden.
Diese Früchte sind sehr schmackhaft, ähnlich der Dattel, obgleich nicht verwandt mit ihr. Ebenso können die Früchte kandiert werden und stellen so eine Delikatesse dar; sie sind in China und Indien ein wichtiger Handelsartikel.
Aus den Kernen der Art werden Veredlungsunterlagen für großfruchtige Sorten gezogen, weiterhin ist die Kultur aus Stecklingen möglich. Die Veredlung erfolgt durch winterliche Kopulation (S. 51) oder durch Chipveredlung (S. 86).

Kaki *(Diospyros kaki)*
Die Kakifrucht, auch Kakipflaume oder Persimmon genannt, sieht einer großen Fleischtomate ähnlich. Sie ist in vollreifem Zustand ausgesprochen süß und saftig, bei angenehmem Aroma mit leichtem »Vanillehauch«. Zu früh geerntet jedoch zusammenziehend (adstringend) durch ihren dann noch sehr hohen Gerbsäuregehalt.
Es gibt auch Züchtungen, deren Früchte schon vor der Vollreife wie ein harter Apfel gegessen werden können. Auch diese Sorten ('Sharon' aus Israel) sind sehr wohlschmeckend, süß und saftig.

Jujube *(Ziziphus jujuba)*

Kaki (*Diospyros kaki* 'Sharon')

Als Unterlagen werden Sämlinge von *Diospyros kaki* oder der winterhärteren *Diospyros virginiana* verwendet. Keimfähige Samen kann man gelegentlich den Früchten entnehmen, allerdings sind sie oft samenlos.
Daraus gezogene Wildlinge werden durch »Chippen« (S. 86) oder Okulation (S. 79) vermehrt, Edelreiser erhält man von Kulturpflanzen aus Botanischen Gärten bzw. aus südeuropäischen Anbauländern.

Wollmispel (Loquat, *Eriobotrya japonica*)

Loquat *(Eriobotrya japonica)*
Die Früchte werden Wollmispeln, Loquats oder Nespoli genannt, die Pflanze Japanische Mispel, Wollmispel oder Loquatbaum. Zu den Rosengewächsen gehört diese ausgesprochen dekorative Kübelpflanze mit ihren immergrünen langovalen, oberseits glänzenden, unterseits behaarten Blättern. Aus ihren vielen kleinen Blüten entwickeln sich leuchtend gelbe Früchte mit saftreichem, sehr schmackhaftem süßsäuerlichen Fruchtfleisch mit leichtem Apfelaroma.
Die großfruchtigen Kultursorten werden durch Veredlung auf Sämlinge der Art oder auf Quitte *(Cydonia)* veredelt. Veredelt wird im Sommer durch Okulation (S. 78), Chip-Veredlung (S. 86) und im Winter durch Kopulation (S. 51) oder Anschäften (S. 57), sofern die Edelreiser im Durchmesser kleiner sind als die Unterlage.
Obgleich in der Literatur gelegentlich davon abgeraten wird, immergrüne und laubabwerfende Pflanzen miteinander zu veredeln, wird z. B. in Spanien häufig *Eriobotrya japonica* auf *Cydonia* veredelt. Hierdurch wird ein schwacher Wuchs und frühes Fruchten erzielt. Winterliche Handveredlungen (S. 51) der gleichen Partner werden auch von mir in Hamburg erfolgreich durchgeführt. Die fertigen Veredlungen werden sogleich getopft und im Gewächshaus bei nächtlichen Tiefsttemperaturen von +10 °C aufgestellt, der Anwachserfolg ist gut. Ansonsten wird auf Sämlinge der Art okuliert (S. 78).

Magnolia *(Magnolia grandiflora)*
Die veredelte Immergrüne Magnolia (*Magnolia grandiflora* 'Gallissonieri') ist eine der schönsten großblütigen Zierpflanzen des Mittelmeergebietes.
Als Veredlungsunterlage wird der Sämling der Art genommen, Samen sind in jedem gut sortierten Samen-

Magnolia grandiflora: Die immergrüne, veredelte Magnolie verträgt bis –15 °C! In den milden Klimabereichen der Weinbaugegenden kann sie unter Umständen sogar frei ausgepflanzt werden.

Magnolia grandiflora; Blüte

geschäft erhältlich. Veredelt werden getopfte Sämlinge, wenn ihr Stamm etwa 10 cm über dem Boden bleistiftstark ist. Bewährt hat sich das Geißfußpfropfen (S. 66) und die Kopulation mit Gegenzungen (S. 62).

Maulbeere *(Morus alba)*

Die Maulbeerpflanze dient als Seidenraupenfutterpflanze sowie als Obst- und Ziergehölz, weiterhin ist sie eine schöne Kübelpflanze, die auch in unserem Klimabereich winterhart sein kann.

Besonders zierende, großblättrige Formen von *Morus alba* werden auf *M. alba*- oder *M. nigra*-Sämlingen veredelt.

Die 'Pendula'-Form wird als Kronenveredlung auf *Morus alba* herangezogen.

Die Veredlungsmethode richtet sich nach der Verfügbarkeit der Edelreiser, üblich ist jedoch die Geißfußpfropfung (S. 66) im Winter. Zur Zeit der Rindenlösung kann auch okuliert werden (S. 78).

Olive *(Olea europaea)*

Alte, knorrige Olivenbäume, wie sie im Garten Gethsemane bei Jerusalem stehen, werden wir in unserem Leben sicher nicht ziehen können. Dennoch sind Olivenbäume äußerst dekorative Kübelpflanzen, die auch einige Grade Frost vertragen können.

Als Unterlage für die Veredlung von Kultursorten können Sämlinge verwandt werden. Olivensamen sind in

Olive *(Olea europaea)*

Samenhandlungen oder von Versandgeschäften erhältlich. Edelreiser können von bekannten Kultursorten genommen werden. Häufig werden Olivenpflanzen als dekorative Nutz- und Zierpflanzen angeboten.

Wüstenrose *(Adenium)* auf Oleander veredelt

Wüstenrose *(Adenium obesum)*
Die sukkulente Wüstenrose ist ihrem natürlichen, trockenen Standort durch ihre fleischigen, wasserreichen Triebe angepaßt. Sie ist eine überaus zierende schöne Topfpflanze, die lange blüht.
Ihre Blühwilligkeit, verbunden mit ausgeprägter Wüchsigkeit erhält sie durch Veredlung auf *Nerium oleander.*
Als Unterlage dient Oleander, der durch Stecklinge oder Samen angezogen wird. Sämlinge müssen im Topf gut durchwurzelt sein und in etwa 10 cm Höhe einen Durchmesser von 5–8 mm haben. Geeignete Veredlungsunterlagen sind gewöhnlich schneller durch Stecklinge zu erhalten.
Das Edelreis der Wüstenrose sollte den gleichen Durchmesser haben oder nur wenig schlanker sein als die Unterlage. Veredelt wird durch einfache Kopulation (S. 51) oder ein anderes (Kopulations-)Verfahren.

Zwergpfirsich/Zwergnektarine
Genetische Zwerge sind die Zwergnektarine und der Zwergpfirsich. Sie sind also nicht schwachwüchsig, weil sie auf schwachwüchsiger Unterlage veredelt sind, sondern deshalb, weil aufgrund ihrer Erbinformation schwacher, zwergiger Wuchs vorprogrammiert ist.
Zwergpfirsiche und -nektarinen fruchten bereits 1 oder 2 Jahre nach der Veredlung. Der Abstand zwischen den Knospen (Interno-

Zwergnektarine. Sie und die Zwergpfirsiche sind genetisch bedingt schwachwüchsig.

dien) ist sehr klein, daher haben die Pflanzen in der Vegetationszeit ein dichtes, einem Palmenschopf ähnliches Blattkleid.
Eine günstige Veredlungsmethode ist das Okulieren auf das schlafende Auge (S. 78) (Unterlage: Pfirsich-Sämling) bei anschließender frostfreier Überwinterung; auch Chip-Veredlung ist möglich.
Nicht unerwähnt sollte bleiben, daß gerade bei einigen Zwergformen verschiedener Zier- und Obstgehölze ein bestehender Sortenschutz die Vermehrung verbietet.

Heimische Kübelpflanzen

Unter heimischen Kübelpflanzen sind hier solche gemeint, die unter normalen Bedingungen bei uns winterhart sind.
Sie können sowohl im Kübel als auch im freien Land kultiviert werden, nur sind sie wegen ihres Wuchses und ihrer Anzucht zur Kübelkultur geeignet. Hierzu gehören sowohl Zier- als auch Nutzpflanzen.

Kübelobstgehölze

Die Kultur von Kübelobstgehölzen wird schon seit vielen Jahrhunderten betrieben. Mit der Kultur dieser Pflanzen in Töpfen und Kübeln ist es möglich, auch von kleinsten zur Verfügung stehenden Flächen Obst zu ernten, das in seiner Qualität dem Obst großer Bäume in keiner Weise nachsteht. Den Standort der Töpfe kann man jederzeit verändern, die Pflanzen können stets unter optimalen Bedingungen kultiviert werden, sie sind daher Zier- und Fruchtgehölze in einem. Im Frühling überraschen sie mit einer reichen Blütenfülle, während sie im Sommer und im Herbst viele Früchte tragen.
Bei der Kultur von Kübelobstgehölzen sollten einige wichtige Dinge beachtet werden. Das beginnt bei der Anzucht der Bäume: Geeignet sind schwachwüchsige Pflanzen, denen zum guten Gedeihen vorerst auch ein kleiner Topf genügt. Die

Veredlungspraxis

Zwergapfel auf M 27; die Schwachwüchsigkeit der Sorte wird durch die Unterlage verstärkt.

Veredlungsunterlagen müssen schwachwüchsig sein; so werden fast alle Obstarten auch in Topfkultur befriedigen. Den schwachwüchsigen Einfluß kann man steigern, indem man die Veredlung nicht in der üblichen Höhe von 10 cm über dem Erdboden durchführt, sondern in einer Höhe von etwa 30 cm. Dadurch wird der die Wuchskraft der Pflanze bestimmende Einfluß der Unterlage verstärkt.
Sehr dankbar sind Apfelbäume, sie sind bestens geeignet zur Kübelkultur und werden gute Ernten bringen. Die geeignetsten Veredlungsunterlagen sind M 27 und M 9, die einen besonders schwachen Wuchs bewirken.
Auch Birnen sind in Kübelkultur zum Blühen und Fruchten zu bringen. Ihr pyramidaler Wuchs macht die Kübelbirne auch durch ihren Habitus zu einer ansprechenden Zier- und Obstpflanze. Weiterhin läßt sich die Japanische Birne (Nashi) sehr gut im Kübel kultivieren, weil sie selbst schwachwüchsig ist und bereits nach zwei Jahren blüht und fruchtet.
Pflaumen, Zwetschen, Renekloden und Mirabellen können in Kübelkultur gut gewachsene, zierende Bäume ergeben, deren Fruchtbarkeit allerdings nicht vergleichbar ist mit der der Kernobstbäume. Neu ist die sehr schwach wachsende Unterlage 'Pixi' (S. 32), die sich zukünftig wohl als die beste Unterlage für die Topfobstkultur erweisen wird.
Weiterhin sind Pfirsiche, Nektarinen und Aprikosen zur Topfkultur geeignet, besonders dann, wenn auch sie auf schwachwüchsigen Unterlagen veredelt sind. In der Vergangenheit wurde deshalb gelegentlich auf *Prunus spinosa* (Schlehe) veredelt, in der Zukunft werden sich hierfür wohl Unterlagen wie 'INRA 655/2' und 'Pixi' durchsetzen.
Mit der Verfügbarkeit von schwachwüchsigen Süß- und Sauerkirschenunterlagen sind neben den ohnehin schwächer wachsenden Sauerkirschen nunmehr auch Süßkirschen für die Topfkultur geeignet. Hier ver-

wendet man die Unterlage 'Colt' sowie die meristemvermehrte 'Maxma Delbard 14', die der Steinweichsel entstammt, und 'Gisela 5'.
Kleine Bäumchen mit einer großen Blütenpracht im Frühjahr wachsen bei Veredlung von 'Schattenmorelle' auf 'Colt', sie stehen den Zierkirschen mit ihren gefüllten rosa Blüten in nichts nach. Doch ist diese Obstsorte auch nach ihrer Blüte durch die vielen Kirschen, die sich im Sommer entwickeln, bis zum Herbst eine interessante Pflanze.
Ferner können alle Beerenobstsorten als Busch oder Halb- oder Hochstamm im Kübel kultiviert werden.
Seltenere Obstarten sind auf geeigneten schwachwüchsigen Unterlagen ebenso zur Topfkultur geeignet, so die Quitte mit ihren apfel- und birnenförmigen Sorten, die auf 'Quitte A' oder 'Quitte C' veredelt wird, und die Mispel *(Mespilus germanica)* auf Weißdorn *(Crataegus monogyna)*.
Dekorativ wirken »Trauerformen« einiger Obstarten, wenn sie auf einen Stamm veredelt werden. Erhältlich sind hin und wieder die 'Weinende Santa Rosa Pflaume' und der 'Trauerpfirsich'.
Die Veredlungsarten, mit denen Kübelobstbäume vermehrt werden, sind überwiegend die Okulation auf das schlafende Auge (S. 78) in der Zeit von Juli bis September; winterliche Handveredlungen durch Kopulation (S. 51), Anschäften (S. 57)

Schwachwüchsige Sauerkirschenveredlungen sind kleine Bäume mit hohen Erträgen.

und Geißfußpfropfen (S. 66) können mit Ausnahme von Pfirsich-, Nektarinen- und Aprikosengehölzen ebenso durchgeführt werden.
Die jungen zur Topfkultur vorgesehenen Pflanzen sollten, wenn möglich, im Freiland kultiviert werden, bevor sie als 1- oder 2jährige Obstgehölze getopft werden. Der Zuwachs ist dort kräftiger und gleichmäßiger, besonders nach dem Schnitt im Winter im Anschluß an das erste Kulturjahr.
Vor dem Eintopfen der Obstgehölze müssen eventuell beschädigte und starke Wurzeln kräftig zurückgeschnitten werden (die Schnitt-

Apfel auf Zierquitte *(Chaenomeles speciosa)* und Birne auf Zierquitte.

stellen sollen nach unten weisen), damit sich viele Faserwurzeln bilden, die für die Ernährung der Pflanze erforderlich sind. Gerade in kleinen Pflanzgefäßen kommt es darauf an, daß viele Faserwurzeln vorhanden sind.

Wenn zur Kübelbepflanzung einjährige Gehölze genommen wurden, sind diese kräftig – etwa um die Hälfte – zurückzuschneiden, Seitentriebe sind auf 2 Augen einzukürzen. Bei guter Garnierung der einjährigen Pflanzen, wie es bei Pfirsichen und Nektarinen meistens der Fall ist, wird weniger stark zurückgeschnitten, jedoch nicht auf Blütenknospen. Reine Blütenknospen stehen bei dieser Obstart zu zweit, es sollte auf einzelne nach außen weisende Augen geschnitten werden oder auf »Dreiergruppen«, wovon die beiden äußeren Blütenknospen sind und die mittlere eine Blattknospe, aus der sich ein neuer Trieb entwickelt.

Ziergehölze

In Töpfen kultivierte Ziergehölze können individuell gepflegt und wegen ihrer Mobilität jederzeit an günstige Standorte gebracht werden. Sie ermöglichen auch denjenigen, die für ihr »grünes Hobby« nur eine kleine Fläche wie einen kleinen Garten, Terrasse oder sogar nur einen Balkon zur Verfügung haben, die Kultur zierender Gehölze. Gut geeignet sind Pflanzen, die nicht stark wachsen. Bei veredelten Gehölzen wählt man zur Anzucht – wenn verfügbar – schwachwüchsige Unterlagen. Theoretisch lassen sich viele Gehölze im Kübel kultivieren, regelmäßiger Wurzelrückschnitt sorgt für eine gute Faserwurzelbildung und somit für eine gute Ernährung der Pflanzen. Optimales Gießen und Düngen sind natürlich erforderlich, weil die Pflanze nicht, wie bei frei ausgepflanzten Gehölzen, bei Wasser- und Nährstoffmangel durch entsprechende zusätzliche Wurzelbildung für Ausgleich sorgen kann. Sollte der Kübel irgendwann einmal zu eng werden, wird ein nur wenig größerer genommen. Außerdem kann die Pflanze auch ausgepflanzt werden.

Auf den folgenden Seiten sind einige durch Veredlung vermehrbare Zier- und Kübelgehölze aufgeführt.

Efeustämmchen *(Hedera helix)*

Efeu *(Hedera helix)* ist als zierende Kletterpflanze in vielen Sorten be-

kannt. Man kann ihn auf die stammbildende Hybride × *Fatshedera lizei* veredeln, wodurch »Efeustämmchen« gezüchtet werden.
Eine geeignete Veredlungsmethode ist das seitliche Einspitzen (S. 63).

Erbsenstrauch *(Caragana)*
Der Samen dieser Pflanze ist äußerlich Erbsen ähnlich, daher der deutsche Name. Die Pflanze stammt aus Zentralasien und ist mit den bei uns bekannten Gemüsesorten verwandt: Beide gehören zur Familie der Hülsenfrüchtler *(Leguminosae)*. *Caragana arborescens* (arborescens = baumartig werdend) wird ein zierender, baumartiger Strauch von bis zu 6 m Höhe. Der Baum blüht von April bis Mai und hat gelbe Blüten, die an jene des Korallenstrauches *(Erythrina crista-galli)* erinnern.
Vermehrt wird der Baum durch Aussaat, die schönste Art des Erbsenstrauches jedoch, der Mähnen-Erbsenstrauch *(Caragana jubata)*, wird überwiegend durch Kopulation (S. 51) oder Geißfußpfropfung im Frühjahr vermehrt.

Flieder *(Syringa vulgaris)*
Eines der schönsten und beliebtesten Blütengehölze bei uns ist der Flieder mit seinen vielen Sorten.
Die Vermehrung erfolgt allgemein durch Veredlung auf eine geeignete Unterlage. So hat sich bei uns der Sämling der Art, *Syringa vulgaris,* als zwei- oder dreijährige Pflanze

Die schönsten Fliedersorten werden durch Veredlung vermehrt.

bewährt. Hin und wieder wird auch abgeraten, diese Unterlage zu verwenden, weil sie zu viele Ausläufer bildet.
Das Veredeln erfolgt kurz nach dem zweiten Jahrestrieb im Juli durch Okulation (S. 78) oder im Winter durch Kopulation eines Triebstükkes mit 3 Augenpaaren (S. 51).
Die fertigen Fliederveredlungen können sowohl im Freiland kultiviert werden als auch im Kübel.

Ginkgo *(Ginkgo biloba)*
Elefantenohrbaum, Mädchenhaarbaum und Fächerblattbaum wird dieser ungewöhnliche Baum auch

Ginkgo biloba; verschiedene Selektionen werden auf Sämling veredelt.

Korkenzieherhasel *(Corylus avellana* 'Contorta')

genannt. Er ist der einzige seiner Familie *(Ginkgoaceae),* der als Überbleibsel aus der Steinkohlenzeit überdauert hat. Seinem Blütenbau und Befruchtungsvorgang nach gehört er einer Entwicklungsstufe zwischen den Palmfarnen und Nadelbäumen an, er wird den Koniferen zugerechnet. Die Vermehrung erfolgt überwiegend durch Samen, jedoch werden bestimmte Wuchsformen wie die Trauerform (*Ginkgo biloba* 'Pendula') durch winterliche Kopulation an getopften Sämlingen durchgeführt (S. 51).

Korkenzieherhaselnuß (*Corylus avellana* 'Contorta')

Die Waldhaselnuß *Corylus avellana* wird durch Samen oder durch Ableger vermehrt. Auf *Corylus avellana* als Unterlage wird die Korkenzieherhaselnuß im Winter kopuliert. Hierzu wird ein ausgereiftes Triebstück der Edelsorte mit 3–5 Augen genommen, das den gleichen Durchmesser wie die Unterlage an der Veredlungsstelle haben sollte. Die Veredlungsstelle befindet sich gewöhnlich etwa 10 cm über dem Boden.

Lederstrauch *(Ptelea)*

Lederblume und Hopfenstrauch wird diese zu den Rautengewächsen *(Rutaceae)* zählende Pflanze auch genannt. Sie ist sehr zierend durch ihr Laub und ihre runden Früchte, die bis zum Winter an der Pflanze bleiben.

Magnolie *(Magnolia kobus)* wird überwiegend als Veredlungsunterlage verwandt.

Die Vermehrung besonderer Arten, wie *Ptelea baldwinii, P. serrata* und *P. angustifolia* wird durch Winterhandveredlung auf Sämling von *P. trifoliata* ausgeführt (S. 51).

Liguster *(Ligustrum)*
Der Liguster oder die Rainweide ist nicht nur eine allseits bekannte Heckenpflanze; buntlaubige Formen als Stämmchen mit geformter Krone sind ebenfalls sehr beliebte Kübelpflanzen. Immergrüne Arten werden im Winter auf getopfte *Ligustrum ovalifolium* veredelt, während für sommergrüne Arten *L. vulgaris* die geeignete Unterlage ist. Veredelt wird mit einem Kopulationsverfahren im Winter oder Frühjahr in Kronenhöhe.

Magnolie *(Magnolia)*
Die Magnolie ist eine wertvolle Gartenpflanze, deren Heimat Nordamerika und Ostasien ist.
Am bekanntesten ist die Tulpenmagnolie *(Magnolia soulangiana)* mit ihren großen, weißen bis weißrosa Blüten.
Die Gurkenmagnolie *(Magnolia acuminata)* wird ein stattlicher Baum bis zu 25 m Höhe. Sie trägt im Sommer große grünliche bis gelbliche Blüten an rotbraunen Zweigen, die Immergrüne Magnolie *(Magnolia grandiflora)* hat besonders große weiße Blüten.
Die Vermehrung vieler Magnolienarten erfolgt über Samen sowie durch Ablegen und Absenken. Veredelt wird auf im Topf angezogene Sämlinge von *Magnolia kobus,* möglichst im Gewächshaus. Geeignete Veredlungsmethoden sind Kopulation, Geißfußpfropfen (S. 51 und S. 66) und andere Verfahren.

Rhododendron *(Rhododendron)*
Rhododendren gehören zu den beliebtesten Blütenpflanzen der Welt. Es gibt hiervon auf der Erde über 1000 Wildarten und kaum zählbare Varianten.
Die Alpenrosen, wie Rhododendren (Familie *Ericaceae*) auch genannt werden, schließen die Azaleen ein, die überwiegend sommergrün sind und ihr Laub im Winter verlieren.
Die sortenechte Vermehrung der zur Kübel- und Freilandkultur geeigneten Pflanze kann durch Steck-

Rhododendron 'Cunningham's White', *Rhododendron williamsianum, Rhododendron repens*

linge, Ablegen und Veredeln erfolgen. Das Veredeln immergrüner Arten geschieht durch Kopulation (S. 51) auf getopfte, gut bewurzelte drei- bis fünfjährige Sämlinge von *Rhododendron ponticum.*
Azaleen werden meistens auf getopfte, kräftige Sämlinge von *Rhododendron luteum (Azalea pontica)* Mitte Mai durch seitliches Einspitzen (S. 57 ff.) veredelt.

Stechpalme *(Ilex)*
Die Stechpalme ist eine sehr zierende Solitär- und Kübelpflanze, besonders die buntlaubigen Formen unter der Sammelbezeichnung *Ilex aquifolium* 'Aureomarginata'. Die Vermehrung der vielen Varietäten kann im Winter im Gewächshaus erfolgen durch Kopulation (S. 51) auf getopfte, gut durchwurzelte Sämlinge von *Ilex aquifolium.*

Trauerweide (*Salix caprea* 'Pendula')
Interessante Pflanzen sind die in Kronenhöhe veredelten Trauerweiden, die besonders schöne Solitärgehölze ergeben. Auch kurze, nur 30–50 cm lange Stämme werden häufig als Topfpflanze angeboten. Zur Anzucht dieser Gehölze wird in gewünschter Kronenhöhe auf getopfte gerade Stämme von *Salix daphnoides* durch Kopulation (S. 51) im Winter veredelt.

Waldrebe *(Clematis)*
Die großblumigen Kulturformen der Waldreben oder Clematis sind sehr zierende und beliebte Kletterpflan-

zen und Mauerdecker mit oft duftenden Blüten. Besonders beliebt ist *Clematis montana,* die schnell bis zu 10 m hochrankt.
Die Vermehrung geschieht häufig durch Veredlung auf zweijährige Sämlinge von *Clematis vitalba,* weil hierdurch schnell fertige, blühfähige Pflanzen entstehen.
Günstige Veredlungsmethode ist das Anplatten (S. 57) angetriebener Edelreiser im Januar/Februar auf mindestens 4 mm starke Wurzelstücke. Anschließend werden die Veredlungen getopft und bei konstanter Bodentemperatur von ca. 22 °C weiterkultiviert.

Zaubernuß *(Hamamelis)*
Die Zaubernuß ist eine wertvolle, im Winter blühende Gehölzart aus der Familie der Zaubernußgewächse *(Hamamelidaceae),* deren verschiedene Arten und Formen gerne als Solitär gepflanzt werden. Die wohl bekannteste und schönste Art ist *Hamamelis mollis,* auch Lichtmeßzaubernuß genannt, mit ihren großen, gelben, im Winter erscheinenden und duftenden Blüten. Ihr grünmetallisch glänzendes Laub – ähnlich dem der Haselnuß – färbt sich im Herbst goldgelb. Etwas kleinere, duftende gelbe Blüten hat die Japanische Zaubernuß, *Hamamelis japonica,* deren Laub sich im Herbst rot

Oben: Waldrebe (*Clematis* 'Lady Betty Balfour')
Unten: Zaubernuß *(Hamamelis)*

verfärbt. Weiterhin werden gerne orangegelb blühende Pflanzen (z. B. *Hamamelis intermedia* 'Orange') sowie rotblühende (*Hamamelis intermedia* 'Ruby Glow') kultiviert.
Die Vermehrung dieser beliebten Ziergehölze erfolgt überwiegend durch Veredlung im Topf kultivierter Sämlinge von *Hamamelis virginiana.* Sie ist für alle Arten und Formen gut geeignet. Die beste Methode ist das Kopulieren (S. 51) oder Geißfußpfropfen (S. 66) mit einjährigen Reisern der Edelsorte.
Die getopften, veredelten Pflanzen sollen bis zum Austrieb im Gewächshaus stehen bleiben.

Ziermandel *(Prunus triloba)*
Von Gärtnereien wird das Chinesische Mandelbäumchen *Prunus triloba* häufig zum Schnitt von Blütenzweigen gezüchtet. Früh, vor oder mit dem Austrieb der Blätter blüht die Ziermandel mit dicht stehenden, rosa gefüllten Blüten. Ein dekorativer Zierstrauch, der hin und wieder auch kleine gelb oder rötlich behaarte Früchte ansetzt.
Die Pflanze ist zwar winterhart, in den ersten Jahren nach der Pflanzung und in sehr kalten Wintern kann sie jedoch ohne Schutz Schaden nehmen. Bei Kübelkultur ist kühle, frostfreie Überwinterung ratsam.

Oben: Ziermandel *(Prunus triloba)*
Unten: Zierquitte (*Chaenomeles*-Hybride)

Neben der Vermehrung aus Stecklingen wird die Pflanze durch Veredlung auf Pflaumenunterlagen vermehrt, so z. B. auf 'St. Julien'. Hierbei wird der Wuchs und andere Eigenschaften der Ziermandel ebenso beeinflußt wie es bei Veredlung von Steinobst auf 'St. Julien' geschieht.

Zierquitte *(Chaenomeles)*
Die Zier- oder Scheinquitte gehört zu den schönsten Frühjahrsblühern. Sie wächst nur schwach und ist daher auch gut als Heckenpflanze geeignet, obwohl als Solitär gezogene Hybriden weitaus mehr zur Geltung kommen.
Die mit dem Blattaustrieb in verschiedenen Rottönen über rot, rosa, orangerot bis weiß blühende Pflanze trägt im Herbst kleinere apfel- bis birnenförmige Früchte, die zu Quittengelee, -mus oder Most verarbeitet werden können.
Kultiviert werden kann diese Pflanze fast überall auf jedem Boden, jedoch blüht sie besonders reich in sonniger Lage von März bis Mai, abhängig von der Witterung.
Die Vermehrung dieser beliebten Zier- und nebenbei auch Nutzpflanze kann erfolgen durch Aussaat, Stecklinge, Anhäufeln, Wurzelstücke und durch winterliche Veredlung, wobei die Anwendung letzterer Vermehrungsart zu besonders schnellwüchsigen und schnell blühenden Pflanzen führt.
Veredlungen werden durch Kopulation (S. 51) auf Wurzelstücke vegetativ vermehrter Unterlagen ausgeführt, auch ist eine Kopulation auf die »normale« Quitte *Cydonia oblonga* möglich.

Zwergmispel *(Cotoneaster)*
Bekannt und beliebt ist die Zwergmispel als Bodendecker wegen ihres vollen und dichten Wuchses und ihrer kräftiggrünen kleineren Blätter, die im Kontrast stehen zu den meist roten, beerenähnlichen Steinfrüchten.
Die Vermehrung geschieht zwar überwiegend und auch mit gutem Erfolg durch Stecklinge, jedoch für ausgefallene Wuchsformen und zur Züchtung von Stämmen und Trauerstämmen ist stets die Veredlung nötig. Als Unterlage für seltene Wuchsformen wird *C. acutifolius* genommen, worauf die Edelsorte kräftig wächst. Stämme und Trauerstämme werden in gewünschter Kronenhöhe auf Rotdorn *(Crataegus)* veredelt, wenn die Edelsorten schwachwüchsig sind. Starkwüchsige Cotoneaster werden auf Eberesche *(Sorbus aucuparia)* veredelt. Veredlungen werden im Winter in der Hand (S. 51) bzw. auf eingetopfte Unterlagen ausgeführt.
Die fertigen Veredlungen können getopft und im Kalthaus weiterkultiviert werden, wodurch schon bald ansehnliche Pflanzen entstehen.

Die weitere Pflege der fertigen Veredlungen

Sommerliche Okulationen im Obstbau auf das schlafende Auge wachsen innerhalb von 4 Wochen nach der Veredlung an, treiben jedoch noch nicht aus. Im folgenden Spätwinter werden die Unterlagen bis auf etwa 5 cm über das eingesetzte Auge zurückgeschnitten, vorhandene Augen an dem entstehenden Zapfen entfernt.

Jetzt treibt im Frühjahr das eingesetzte Edelauge aus. Um einen geraden Wuchs zu erzielen, wird der Austrieb, nachdem er eine Länge von 10–15 cm erreicht hat, an den verbliebenen Zapfen oder an einen zuvor bereits in den Erdboden gesteckten Stab gebunden.

Nach Triebabschluß im Herbst hat man einen kleinen einjährigen Baum, der bei Kernobst meist nur aus einem langen Trieb von 80 bis 120 cm Länge besteht, bei einigen Steinobstarten gelegentlich auch schon durch vorzeitige Seitentriebe verzweigt ist.

Grundsätzliches zur Anzucht von Hochstämmen finden Sie auf S. 95.

Sollen Büsche angezogen werden, wird der unverzweigte Trieb auf die gewünschte Stammhöhe von 40–60 cm zuzüglich 6 Augen zurückgeschnitten. Kurzes vorzeitiges Seitenholz kann vorläufig stehenbleiben.

Aus den oberen Augen wächst im nächsten Jahr die Krone, die aus dem Leittrieb und mindestens 3 gleichmäßig verteilten Kronentrieben bestehen soll. Entwickelt sich unterhalb des Leittriebes ein ebenfalls steil wachsender zweiter Trieb, der Konkurrenztrieb, muß dieser auf Astring weggeschnitten werden.

Weiterhin wird der Leittrieb jetzt um $1/3$ seiner diesjährig gewachsenen Länge zurückgeschnitten auf ein Auge, das dem vorjährigen angeschnittenen Auge gegenübersteht. Die Kronentriebe werden etwa $1/3$ unterhalb der Anschnittstelle des Leittriebes auf ein nach außen weisendes Auge geschnitten. Hierbei muß beachtet werden, daß die Kronentriebe in gleicher (waagerechter) Höhe abgeworfen werden (»Saftwaage«).

Wurden die jungen Bäume durch winterliche Kopulation vermehrt, ist es möglich, daß bereits im ersten Jahr eine unerwünschte Verzweigung am aufveredelten Edelreis einsetzt. Hier sollte man darauf achten, daß nur ein Trieb angezogen wird, der selbst allerdings mit vorzeitigem Seitenholz garniert sein kann.

Die weitere Anzucht der jungen Kopulationen erfolgt genauso wie die der Okulationen.

Einige Obstsorten, wie Aprikosen, Mandeln, Nektarinen, Pfirsiche und Sauerkirschen, bilden schon im ersten Jahr zum Teil kräftige Seitentriebe, so daß hier bereits einjährige Büsche entstehen.

Zur Erzielung eines Stammes werden die Seitentriebe bis auf etwa

60 cm über dem Erdboden weggeschnitten. Zum Aufbau einer Krone werden 3 Kronenäste ausgewählt, die um $^{1}/_{3}$ bis zur Hälfte zurückgenommen werden. Der Mitteltrieb muß etwa 10 cm über die Seitentriebe herausragen, er wird auf eine der Okulation gegenüberliegende Knospe geschnitten.
In der Baumschule werden Obstbäume jährlich zurückgeschnitten und verpflanzt. Vor dem Verpflanzen werden die Wurzeln ebenfalls zurückgeschnitten, besonders die dikkeren, um das Wachstum von Faserwurzeln zu fördern. Über die Faserwurzeln werden der Pflanze die erforderlichen Nährstoffe zugeführt. Viele Faserwurzeln ermöglichen ein problemloses Umpflanzen.

Alte Obstsorten

Viele alte Obstsorten können in kleinstem Garten kultiviert werden, wenn man sie auf schwachwüchsige Veredlungsunterlagen veredelt. Äpfel auf Malus M 27, Birnen auf Quitte A oder C, Süß- und Sauerkirschen auf 'Colt', 'Gisela 5' oder 'Maxma Delbard 14', Pflaumen, Mirabellen und Pfirsiche auf 'Pixi' ergeben kleine Baumformen, so daß viele Sorten in kleinem Abstand gepflanzt werden können. Gärtner ohne Gärten brauchen auch nicht auf selbstgeerntetes Obst zu verzichten: Durch Kübelkultur fruchten die Bäumchen schon im zweiten Jahr nach der Veredlung. Bei kleinstem verfügbaren Platz reicht sogar eine Pflanze, wenn zwei sich gegenseitig befruchtende Sorten aufveredelt wurden.

Rosen

Im November bis Dezember, je nach Witterung, werden Rosenstöcke angehäufelt und mit Fichtenreisig zugedeckt. Das Fichtenreisig hat in erster Linie die Aufgabe, bei spätwinterlicher starker Sonnenstrahlung ein zu frühes Saftsteigen und Knospenschwellen zu verhindern, weil sonst die Rosen leicht ein Opfer späterer Frosteinbrüche werden könnten.
Junge Rosenhoch- und Trauerstämme werden vorsichtig umgebogen, in eine vorbereitete Mulde gelegt und mit einem Haken festgehakt. Anschließend werden die Pflanzen mit lockerer Erde bedeckt. Ältere Stämme, die nicht mehr umgelegt werden können, werden in Fichtenreisig eingepackt.
Das Überstülpen eines Plastiksakkes ist nicht zu empfehlen, weil hierin der Pflanze schadendes Kondenswasser gebildet werden kann und bei intensiver Sonnenbestrahlung ein Hitzestau entsteht, der gerade verhindert werden soll.
Will man jedoch nicht darauf verzichten, muß die Plastikfolie oder der Sack viele Luftlöcher haben für eine gute Luftzirkulation.

Gute Tips

Laubgehölze

Botanischer Name	Deutscher Name	besondere Ansprüche
Acer	Ahorn	
Actinidia chinensis	Kiwi	geschützte Lage
Adenium obesum	Wüstenrose	nicht winterhart
Amelanchier laevis	Felsenbirne	
Aralia	Aralie	geschützte Lage
Aucuba	Aukube	
Betula	Birke	
Caragana	Erbsenstrauch	sonnige Lage
Carya illinoinensis	Pecannuß	nicht winterhart
Castanea sativa	Echte Kastanie, Marone	warmer Standort
Cercis	Judasbaum	geschützte Lage
Chaenomeles	Zierquitte	
Citrus	Citrus (div. Obstsort.)	nicht winterhart
Clematis	Waldrebe	
Corylopsis	Scheinhasel	warmer Standort
Corylus	Haselnuß	
Cotoneaster	Zwergmispel	
Crataegus	Weißdorn	
Cydonia	Quitte	
Diospyros kaki	Kaki, Persimmon	bedingt winterhart
Eriobotrya japonica	Wollmispel, Loquat	nicht winterhart
Fagus	Buche	
Feijoa sellowiana	Acca, Brasil. Guave	nicht winterhart
Ficus carica	Echte Feige	bedingt winterhart
Fortunella japonica	Kumquat	nicht winterhart
Fraxinus	Esche	
Gleditsia	Gleditschie	
Hamamelis	Zaubernuß	
Hedera helix	Efeu	auf Stamm: nicht winterhart
Hibiscus	Eibisch	warmer Standort
Ilex aquifolium	Stechpalme	
Juglans regia	Walnuß	
Laburnum	Goldregen	
Ligustrum	Liguster, Rainweide	
Liriodendron	Tulpenbaum	
Malus	Apfel (Zier-)	
Magnolia	Magnolie	
Magnolia grandiflora	Immergrüne Magnolie	bedingt winterhart
Mespilus	Mispel	
Morus	Maulbeerbaum	warmer Standort
Morus nigra	Schwarzfr. Maulbeere	bedingt winterhart
Olea	Olive	nicht winterhart
Parrotia	Parrotie	warmer Standort
Parthenocissus	Wilder Wein	
Persea americana	Avocado	nicht winterhart
Poncirus trifoliata	Dreiblättrige Zitrone	geschützte Lage
Prunus	div. Arten u. Sorten	
Rhododendron	Alpenrose	
Ribes	Johannis-, Stachelbeere	
Robinia	Robinie	
Rosa	Rose	
Salix	Weide	
Sorbus	Eberesche	

Botanischer Name	Deutscher Name	besondere Ansprüche
Sorbus domestica	Speierling	
Syringa	Flieder	
Tilia	Linde	
Ulmus	Ulme, Rüster	
Viburnum	Schneeball	
Vitis	Wein	warme Lage
Ziziphus	Jujube, Judendorn	nicht winterhart

»Bedingt winterhart« bedeutet: Pflanzbar in besonders geschützten warmen Lagen, zusätzlich abzudecken in kalten Wintern.

Diploide Apfelsorten und Blütezeitpunkte

Sorte	Blüte*	Sorte	Blüte*
Alkmene	1	Ingrid Marie	3
Altländer Pfannkuchen	3	Jamba	1
Ananasrenette	2	James Grieve	1
Berner Rosenapfel	3	Jonathan	3
Brettacher	4	Klarapfel	1
Cox Orange	2	Landsberger Renette	2
Discovery	3	Mantet	3
Dülmener Rosenapfel	2	McIntosh	2
Elstar	3	Melrose	3
Finkenwerder Herbstprinz	2	Ontario	3
Freiherr von Berlepsch	2	Prinz Albrecht von Preußen	3
Geheimrat Oldenburg	1	Red Delicious	3
Gelber Bellefleur	2	Rote Sternrenette	4
Gewürzluiken	4	Schweizer Orangenapfel	2
Gloster	4	Schöner von Nordhausen	2
Golden Delicious	3	Signe Tillisch	1
Goldparmäne	3	Stark Earliest	2
Grahams Jubiläum	4	Tumanga (Auralia)	2
Granny Smith	3	Weißer Winterglocken	2
Helios	2	Winterbanane	4
Idared	2	Zuccalmaglio Renette	2

Triploide Apfelsorten und Blütezeitpunkte

Biesterfelder Renette	2	Jonagold	3
Boskoop	1	Kaiser Wilhelm	2
Goldrenette v. Blenheim	3	Kanadarenette	2
Gravensteiner	1	Mutsu	3
Holsteiner Cox	2	Rheinischer Bohnapfel	2
Horneburger Pfannkuchen	4	Rheinischer Winterrambur	3
Jakob Lebel	3	Winterzitronenapfel	3
		Zabergäurenette	3

Die meisten diploiden Sorten (mit doppeltem Chromosomensatz) befruchten andere diploide und triploide Sorten (mit dreifachem Chromosomensatz), wenn sich deren Blütezeitpunkte überschneiden. Triploide Sorten befruchten keine anderen. Von einer Sorte ausgehende Mutanten befruchten sich nicht gegenseitig. (Z. B. 'Golden Delicious' und 'Yellowspur'.)

*Erklärung Blütezeitpunkt: 1 = früh 2 = mittelfrüh 3 = mittelspät 4 = spät

Register

Für die Gartenpraxis

Martin Stangl
Obstbäume schneiden und veredeln
Die wichtigsten Grundlagen des Obstbaumschnitts, praxisgerecht und leicht verständlich beschrieben; Gesetzmäßigkeiten des Schnitts; Äste und Zweige; Schnittwerkzeuge; Veredelung.

Ilse Höger-Orthner
Kübelpflanzen
Dekorative Kübelpflanzen – von mediterranen und tropischen Schönheiten bis zu Prachtstauden und attraktiven Kletterpflanzen: Gefäße, Erde, Düngung, Pflege, Überwinterung, Pflanzenschutz.

Werner Funke
Der Obstgehölzschnitt
Obstbäume und Beerensträucher zweckmäßig schneiden und erziehen
Wachstum und gute Ernte sichern durch richtige und zweckmäßige Schnittmaßnahmen: Schnitt der einzelnen Arten, Werkzeuge, Schneidetechnik, Wundpflege.

Karlheinz Jacobi/
Dietrich Mierswa
Gärtnern unter Glas und Folie
Kleingewächshäuser und Frühbeete
Bau • Technik • Nutzung
Das ganze Jahr Gartensaison: Gewächshaus- und Frühbeetformen, Folien, Bauweisen, Einrichtungen, Zubehör, Beheizung; Nutzungsmöglichkeiten von Gemüse, Kräutern und Früchten bis zu Zierpflanzen, Kakteen und Orchideen.

Martin Stangl
Stauden im Garten
Auswahl, Pflanzung, Pflege
Sonnen-, Schatten- und Prachtstauden, Gräser und Steingartenstauden: alle wichtigen Arten und Sorten mit Informationen zu Auswahl, Bodenvorbereitung, Pflanzung und Pflege sowie Pflanzplänen und Arbeitskalender; Bezugsquellen.

Im BLV Verlag finden Sie Bücher zu folgenden Themen: Garten und Zimmerpflanzen • Wohnen und Gestalten • Natur • Heimtiere • Jagd • Angeln • Pferde und Reiten • Sport und Fitneß • Tauchen • Reise • Wandern, Alpinismus, Abenteuer • Essen und Trinken • Gesundheit und Wohlbefinden

BLV

Wenn Sie ausführliche Informationen wünschen, schreiben Sie bitte an:
BLV Verlagsgesellschaft mbH • Postfach 40 03 20 • 80703 München
Telefon 089/12705-0 • Telefax 089/12705-543